잘 알고 잘 쓰는 전기 에너지 지구 환경을 지켜요
불을 끄면 별이 떠요

글 서지원, 조선학 | **그림** 양종은 | **감수** 김정애 | **사진** shutterstock
펴낸날 2012년 10월 20일 초판 1쇄, 2022년 11월 10일 초판 21쇄, 2024년 5월 4일 개정판 2쇄
펴낸이 이재성 | **기획·편집** 고성윤 | **디자인** 이원자 | **영업·마케팅** 조광현, 김미랑
펴낸곳 루크하우스 | **주소** 서울시 서초구 사임당로 50 해양빌딩 504호 | **전화** 02)468-5057 | **팩스** 02)468-5051
출판등록 2010년 12월 15일 제2020-203호
www.lukhouse.com cafe.naver.com/lukhouse

ⓒ 서지원, 양종은, 김정애 2012
저작권자의 동의 없이 무단 복제 및 전재를 금합니다.
* 이 책은 사실을 바탕으로 한 픽션입니다.

ISBN 979-11-5568-558-7 73560

※ 잘못된 책은 구입처에서 바꾸어 드립니다.
※ 값은 뒤표지에 있습니다.

상상의집은 (주)루크하우스의 아동출판 브랜드입니다.

불을 끄면 별이 떠요

글 서지원·조선학

그림 양종은

감수 김정애

감수자의 말

컴컴한 밤을 낮처럼 환히 밝혀 주는 전구, 음식물이 상하지 않게 해 주는 냉장고, 우리의 삶을 편리하게 해 주는 컴퓨터와 전화, 텔레비전……. 이 모든 것을 사용할 수 있게 해 주는 것은 무엇일까요? 바로 전기예요.

만약 전기가 없다면 우리의 삶은 어떻게 될까요? 밤엔 어두워서 불편하고, 여러 가지 전기 제품도 쓸 수 없겠지요. TV를 보거나 게임을 하는 것도 물론 불가능하고요! 이렇게 우리 생활에 없어서는 안 될 전기는 누가 만들어 냈을까요?

전기는 하루아침에 누가 만들어 낸 것이 아니에요. 자연 현상의 일부인 전기를 아주 먼 옛날 우리의 조상들이 발견하였고, 수많은 실패를 거듭해가며 연구한 끝에 지금의 에너지 형태로 쓸 수 있게 만들어 낸 것이랍니다. 전기를 만들기 위해서는 많은 자원을 이용해야 해요. 전기를 아껴 쓰면 그만큼 자원을 아낄 수 있고 지구 환경을 지킬 수 있답니다.

이 책에서는 천방지축 들이와 함께 전기가 처음 발견된 후부터 발전 과정, 전기에 대한 기초 과학 지식을 살펴봅니다. 들이네 가족이 겪는 사건을 통해 생활 속 전기의 쓰임도 알 수 있지요. 간단한 실천을 통해 전기 에너지를 아낄 수 있는 방법도 생각해 봅니다.

　전기를 잘 알게 된 만큼 잘 쓸 수 있어야겠지요? 작은 노력만으로도 에너지를 아끼고, 환경을 지킬 수 있다는 들이 아빠의 말처럼 여러분도 지구를 위해 전기 에너지를 소중히 여기고 아껴 쓰는 어린이가 되길 바랍니다.

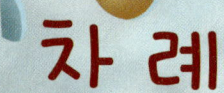

차례

밤가시 마을이 정전되다 ----- 8

1. 전기란 무엇일까? ----- 18
- 전기의 발견 ----- 20
- 전하와 전류 ----- 26
- 얼렁뚱땅 실험실! • 유리 막대 문지르기 실험 ----- 30

2. 전기는 흐른다 ----- 32
- 전류는 흐른다 ----- 34
- 도체와 부도체 ----- 40
- 얼렁뚱땅 실험실! • 전기 회로 만들기 ----- 44
- 인물로 깊이 보기 • 전지를 만든 볼타 ----- 46

3. 전기와 자기 ----- 48
- 자기란 무엇일까요? ----- 50
- 자석과 극 ----- 56
- 전류와 자기장 ----- 60
- 얼렁뚱땅 실험실!
  • 나침반이 가리키는 쪽으로 가면 정말 북극이 나올까? ----- 64
- 인물로 깊이 보기 • 전자석을 발명한 헨리 ----- 66

4 생활 속의 전기 — 68

우리 몸속의 전기	70
번개의 원리	74
인물로 깊이 보기 • 프랭클린의 번개 실험	82
도깨비불, 전구	84
얼렁뚱땅 실험실! • 연필심으로도 빛을 낼 수 있어요	88
인물로 깊이 보기 • 백열전구를 발명한 에디슨	90

5 생활 속의 전자기 이용 — 92

자석을 이용한 정보 기록 장치	94
전기나 자석이 사용되는 여러 가지 물건	100
얼렁뚱땅 실험실! • 간이 전동기를 만들어 볼까요?	108
인물로 깊이 보기 • 원자에 대한 생각, 데모크리토스와 돌턴	110

6 발전의 원리 — 112

자석을 이용해 만드는 전기	114
전기를 만드는 여러 가지 발전소	118
자연의 힘으로 만드는 오염 없는 전기	124

7 전기를 아끼는 방법 — 128

발전소에서 집까지	130
전기를 아끼는 방법	134
얼렁뚱땅 실험실! • 전기 줄이기 활동	142

밤가시 마을이 정전되다

 엄마 몰래 학원을 빼먹은 들이는 집에 오자마자 텔레비전을 켰어요. 지난주에 방송했던 개그 프로그램을 재방송하고 있었지요. 들이는 텔레비전을 크게 틀어 놓고 방으로 들어갔어요.
 "엄마 오시기 전에 삼십 분만 게임 해야지!"
 들이는 컴퓨터를 켰어요. 익숙한 손동작으로 마우스를 클릭하자, 게임 사이트가 떴어요. 들이는 재빨리 아이디를 입력했어요. 그러자 커다란 게임 화면이 나타났어요. 들이는 밖에서 들려오는 텔레비전 소리를 들으며 게임을 시작했어요.
 "얏, 얏, 아!"
 들이는 컴퓨터 자판을 신나게 눌러댔지요.

곧 이 게임에서 가장 어려운 코스를 지날 차례예요. 이것만 통과하면 대마왕을 이길 수 있어요! 들이는 있는 힘껏 자판을 누르고 또 눌렀어요.

'픽픽, 픽픽!'

자판이 요란한 소리를 낼 때였어요.

갑자기 '핑' 소리와 함께 컴퓨터 전원이 꺼져 버렸어요.

"어? 이게 뭐야!"

들이는 깜짝 놀라 뒤를 휙 돌아보았어요. 하지만 아무도 없었지요. 들이는 머리를 긁적였어요.

"어, 집이 왜 이렇게 컴컴하고 조용하지?"

이상한 일이었어요. 방금 전까지 개그맨들이 나와 깔깔거리던 텔레비전도, '웅' 소리를 내며 돌아가던 냉장고도, 전자시계도 멈춰 버렸지 뭐예요. 집 안이 쥐 죽은 듯이 고요해졌어요.

들이는 창문을 활짝 열었어요. 창문 너머로 보이는 이웃집도 들이네처럼 고요하기 그지없었지요.

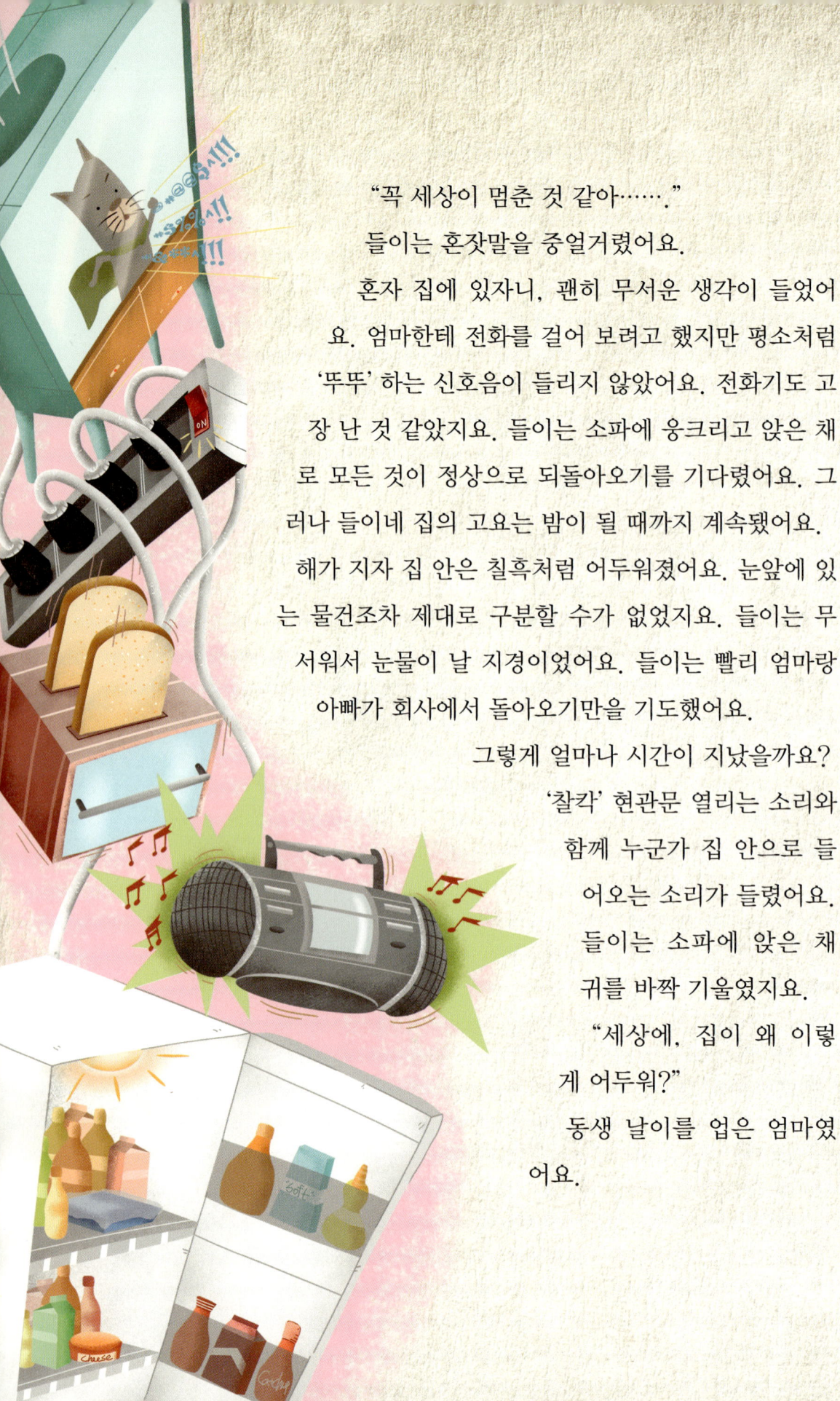

"꼭 세상이 멈춘 것 같아……."

들이는 혼잣말을 중얼거렸어요.

혼자 집에 있자니, 괜히 무서운 생각이 들었어요. 엄마한테 전화를 걸어 보려고 했지만 평소처럼 '뚜뚜' 하는 신호음이 들리지 않았어요. 전화기도 고장 난 것 같았지요. 들이는 소파에 웅크리고 앉은 채로 모든 것이 정상으로 되돌아오기를 기다렸어요. 그러나 들이네 집의 고요는 밤이 될 때까지 계속됐어요.

해가 지자 집 안은 칠흑처럼 어두워졌어요. 눈앞에 있는 물건조차 제대로 구분할 수가 없었지요. 들이는 무서워서 눈물이 날 지경이었어요. 들이는 빨리 엄마랑 아빠가 회사에서 돌아오기만을 기도했어요.

그렇게 얼마나 시간이 지났을까요?

'찰칵' 현관문 열리는 소리와 함께 누군가 집 안으로 들어오는 소리가 들렸어요. 들이는 소파에 앉은 채 귀를 바짝 기울였지요.

"세상에, 집이 왜 이렇게 어두워?"

동생 날이를 업은 엄마였어요.

"엄마!"

들이는 소파에서 벌떡 일어섰어요.

"이게 무슨 일이래?"

"몰라, 갑자기 이렇게 됐어."

들이는 울먹이며 말했어요.

"정전인 모양이네."

엄마는 날이를 내려놓으며 말했어요. 날이는 유치원에 다니는데, 수업이 끝나면 놀이방으로 가요. 거기서 엄마랑 아빠가 퇴근할 때까지 기다리지요.

엄마는 신발장을 더듬거렸어요. 손전등을 찾는 것이었어요. 엄마는 한참 만에 손전등을 찾아 불을 켰어요. 엄마가 손전등 불빛을 들이 쪽으로 비추었어요.

빛 한 줄기가 이토록 반가울 수가!

들이는 빛이 비치자 안심이 됐지요.

"들아, 언제부터 이랬던 거야?"

"몇 시간 전부터 계속……."

"언제부터? 학원 갔다 오니까 이랬어?"

"그게……."

들이가 머뭇거릴 때였어요. 엄마는 날이부터 눕혀야겠다며 손전등을 들이한테 내밀었어요. 들이는 엄마가 무사히 방에 도착할 때까지 계속 손전등을 비춰 주었어요.

"휴."

날이를 눕히고 온 엄마가 아빠한테 전화를 걸었어요. 아빠는 집으로 오는 중이라고 하셨지요.

"여보, 정전인 것 같아. 어떻게 해야 돼?"

아빠는 두꺼비집*의 스위치가 내려갔는지 확인해 보라고 했어요.

"두꺼비집?"

엄마가 신발장으로 걸어가며 대꾸했어요.

그 모습을 본 들이는 고개를 갸웃했지요.

"엄마, 우리 집에 두꺼비집도 있어?"

엄마는 손전등을 이리저리 비추더니, 여러 개의 스위치가 있는 상자를 열었어요.

"두꺼비집 열었어. 이제 어떻게 할까?"

엄마는 아빠가 시키는 대로 스위치를 올렸다 내렸다 했어요. 그래도 집 안은 여전히 컴컴했지요.

"안되겠어. 무슨 소린지 통 모르겠어. 혹시 지난번에 당신이 실험하던 자가 동력 발전기 때문인가?"

바로 그 순간이었어요. 손전등의 불이 가물가물해지더니, 툭 꺼져 버렸지요.

"으악!"

엄마가 소리를 질렀어요.

"여보, 여보! 괜찮아?"

휴대 전화 스피커 너머로 아빠 목소리가 들렸어요.

두꺼비집: 정해진 양보다 큰 전류가 흐르면 자동적으로 전류를 차단하는 안전장치. 주로 가정이나 적은 양의 전류를 사용하는 곳에 설치되어 있다.

"갑자기 손전등이 꺼져서 놀랐어."

들이와 엄마는 아빠가 올 때까지 꼼짝없이 어둠 속에 갇혀 있어야만 했어요. 엄마는 휴대 전화로 여기저기 연락을 했어요. 전기가 끊긴 집은 들이네 집뿐만이 아닌 모양이었어요. 들이네 마을인 밤가시 마을 전체가 몽땅 정전인 것 같았지요. 안타깝게도 엄마는 정전 사실을 제대로 확인하지 못했어요. 휴대 전화마저 꺼져 버렸기 때문이었지요.

"엄마, 이대로 전기가 영영 안 들어오면 어떡하죠?"
"에이, 설마!"

그때였어요. 갑자기 '덜컹' 소리가 나더니, 웬 낯선 사람이 집 안으로 들어오는 것 같았어요. 엄마가 "누구세요?" 하고 물었지만 낯선 침입자는 대답을 하지 않았어요. 엄마는 들이가 있는 소파를 향해 엉금엉금 기어갔어요. 겁에 질린 들이는 소리를 지르고 싶었지요.

낯선 침입자가 소파 쪽으로 다가오는 게 느껴졌어요.

들이는 무서워서 심장이 쪼그라드는 것 같았지요.

"누, 누구세요!"

엄마는 공중으로 솟구쳐 오르듯 고개를 번쩍 들며 소리쳤어요. 순간, 들이는 어둠에 익숙해진 눈으로 보고 말았어요. 엄마의 머리에 턱이 부딪힌 아빠의 모습을.

"아이고, 나 죽네!"

아빠는 거실 바닥을 뒹굴며 소리쳤어요.

"아빠!"

아빠는 "누구세요?" 하고 묻는 엄마 목소리를 듣고 장난을 쳐 볼 생각이었대요. 그런데 엄마와 부딪히는 바람에 턱이 덜덜거리게 되고 만 것이죠.

"아빠, 불 좀 켜 주세요."

"전기가 끊겨서 불이 안 켜질 거야. 오면서 보니까 마을 전체가 깜깜하던데? 내가 하던 실험 때문이 아니라 다른 이유로 정전이 된 것 같아."

"그럼 냉장고도 안 돌아가겠네. 음식이 다 쉴 텐데!"

아빠는 라이터를 꺼내 불을 밝혔어요. 잠깐 주위가 밝아졌어요. 아빠는 라이터 불에 의지해 서랍을 뒤졌어요. 서랍 안에는 비상용으로 준비해 둔 양초가 들어 있었어요. 아빠가 초에 불을 켰어요.

"이제 좀 살 것 같다."

작은 빛이긴 했지만 덕분에 주변이 한결 환해졌어요.

"불이 언제쯤 들어올까요?"

"글쎄……. 전기를 너무 많이 써서 정전이 됐나 보구나."

"아빠, 전기도 물이나 석유처럼 아껴 써야 하는 거예요?"

들이가 되물었어요.

"그럼, 당연하지. 만약 전기가 없다면 우리들의 삶은 생각하기도 싫을 정도로 불편해질 거야. 전구를 켤 수 없으니 밤엔 깜깜해서 아무것도 못 하겠지. 냉장고도, 텔레비전도 쓸 수가 없을 거야. 당연히 컴퓨터도, 게임도 할 수 없겠지. 모두 전기의 힘으로 움직이는 것들이니까."

아빠가 말씀하셨지요.

"전기는 굉장히 소중한 것이로군요."

들이는 고개를 끄덕였어요. 들이는 전기를 처음 발명한 사람이 누구인지 궁금해졌어요.

"아빠, 전기는 누가 발명한 거예요?"

"전기는 자연 현상이니까 발명한 게 아니라 발견했다고 해야 해."

"발명이랑 발견이 다른 말이에요?"

들이의 물음에 아빠가 설명했어요.

"발명과 발견은 달라. 발명은 새로운 걸 만들어 내는 것이지만, 발견은 지금까지 사람들이 보지 못했던 것, 미처 찾아내지 못했던 것을 찾아내는 거야. 예를 들어 원시인들이 불을 '발견'했다고 말하지, '발명'했다고는 하지 않지. 원시인들이 이전에 없던 불을 새로 만들어 낸 게 아니니까."

들이가 고개를 끄덕이는 사이 촛농이 똑 떨어졌어요. 어느새 비상용으로 준비한 초가 절반 이상 녹아 있었지요.

"지금쯤 전기를 고치고 있을 거야. 전기가 들어올 때까지 아빠가 재미있는 얘기라도 해 줄까?"

"네!"

들이가 대답하자 아빠는 이야기를 시작했어요.

전기의 발견

전기를 최초로 발견한 사람은 지금부터 삼천 년 전에 살던 사람이에요. 그 사람의 이름은 '탈레스'. 그리스의 철학자였지요. 탈레스는 좀 엉뚱한 사람이었대요. 궁금한 게 생기면 그걸 해결할 때까지 잠도 못 자고 매달렸어요.

어느 날, 탈레스는 광장에 사람들이 북적북적 모여 있는 걸 보았어요.

"자, 이것이 무엇이냐. 바로 '호박*'이라는 마법의 돌입니다. 이 돌이 얼마나 신비한 능력을 지녔는지 두 눈을 크게 뜨고 보세요!"

장사꾼은 노란색 돌 하나를 꺼내더니 옷에 쓱쓱

호박: 나무의 진이 땅속에 묻혀서 굳어진 누런색 광물. 불에 타기 쉽고 문지르면 전기가 생긴다.

문지르기 시작했어요. 장사꾼은 한참 문지른 돌을 종이에 갖다 댔지요. 그러자 이게 웬일이에요? 종이가 돌에 찰싹 달라붙는 게 아니겠어요? 돌에는 종이뿐만 아니라 머리카락이나, 깃털 같은 것도 찰싹 달라붙었어요. 그걸 본 사람들은 눈이 휘둥그레졌지요.

"마법이다!"

"자, 더 신비한 힘을 보여드리도록 하지요."

장사꾼은 호박이라는 돌을 벅벅 문지르더니, 그걸 머리카락에다 갖다 댔어요. 그러자 머리카락이 쭈뼛쭈뼛 섰지요.

사람들의 입이 쩍 벌어졌어요.

"이 돌을 부적처럼 몸에 지니고 다니면 행운이 올 겁니다. 자, 이 돌을 사고 싶은 사람은 손을 드세요."

탈레스는 가장 먼저 손을 번쩍 들었어요. 장사꾼이 부른 돌 값은 엄청 비쌌지만, 망설이지 않았어요.

"제일 큰 마법의 돌을 내게 파시오."

탈레스는 그 돌을 품에 꼭 안고 집으로 돌아갔어요. 자신에게 특별한 일이 생기길 기대하면서요.

하루, 이틀, 사흘……. 하지만 아무리 기다려도 좋은 일은 생기지 않았어요. 탈레스는 의심이 들기 시작했어요.

'이 돌이 정말 마법의 돌이 맞긴 한 걸까?'

탈레스는 돌이 어떻게 신비한 힘을 내는지 알아내기로 마음먹었어요. 그는 밤낮으로 돌을 살펴보고, 또 살펴보았지요. 그렇게 연구에 몰두하던 탈레스는 스르륵 잠이 들었어요.

"음냐, 음냐!"

탈레스는 이리저리 몸부림을 치며 잤어요. 그 바람에 베개에 들어 있던 오리 깃털이 다 흘러나왔지 뭐예요. 탈레스는 이런 사실도 모른 채 곤히 잠을 잤지요. 한참 후, 잠에서 깬 탈레스는 비명을 내질렀어요.

"으악, 온몸에 깃털이 달라붙었네!"

탈레스는 얼굴에도, 팔에도, 머리카락에도 깃털이 달라붙어 엉망이었던 거예요. 탈레스는 인상을 찌푸리고서 깃털을 하나하나 떼어 냈어요.

"어?"

탈레스는 갑자기 비싼 값을 주고 사 온 돌이 생각났어요. 그 돌에도 이렇게 종이나 깃털 같은 게 달라붙었지요.

"왜 그런 거지? 대체 이게 뭘까?"

탈레스가 보고 겪은 건 '정전기' 현상이었어요. 마찰 때문에 전기가 일어나는 것이지요. 하지만 당시의 과학 기술로는 정전기가 무엇인지, 왜 일어나는지 알 길이 없었어요.

대신, 탈레스는 자신의 책에 이 현상에 대해 꼼꼼히 써 두었어요. 이 사건은 최초로 전기를 '발견'한 기록이 되었지요.

그 후 탈레스가 써 둔 글을 보고, 과학자들은 신비

한 돌 호박에 관해 호기심을 갖게 됐어요. 하지만 누구도 속 시원히 호박의 비밀을 알아낼 수 없었지요. 그렇게 탈레스가 정전기를 발견한 지 2,000년이 지난 어느 날, 영국의 의사였던 길버트가 새로운 사실을 알아냈어요.

"호박을 문지를 때 생기는 현상이랑 자석이 쇠를 잡아당기는 것이 비슷한 것 같아."

길버트는 좀 더 구체적으로 연구를 하기 시작했지요.

길버트는 마침내 이 현상이 '전기' 때문에 일어난다는 걸 알아냈어요. 그는 새로 발견해 낸 '전기'를 '일렉트리시티'라고 부르기로 했어요.

"그리스어로 호박이란 뜻의 '일렉트론'이라는 단어를 조금 바꾼 거지."

길버트가 전기라는 단어를 만들어낸 후 과학자들은 좀 더 열심히 전기에 대해 고민하기 시작했어요.

1663년, 독일인 과학자 게리케는 황으로 동그란 형태의 물체를 만든 다음, 물체의 한가운데에 축을 끼워서 빙글빙글 돌리면 정전기가 일어난다는 걸 알게 됐지요. 게리케가 만든 이 이상한 물건은 빙글빙글 돌릴 때마다 정전기를 일으켜 주변의 머리카락이나 먼지

따위를 끌어들였어요.

"신기하긴 하지만, 별로 쓸모는 없는 것 같군."

전기가 무엇인지 정확히 알지 못했던 사람들은 게리케의 발명품을 그저 재미있는 물건쯤으로 생각했지요. 이게 바로 인류 역사상 최초의 '정전기 발생 장치'랍니다.

그로부터 백 년이 지난 뒤 물리학자 그레이는 물질 가운데 전기를 잘 전달하는 물질이 있는가 하면 반대로 전혀 전기를 전달하지 않는 물질이 있다는 것을 알아냈어요.

"그럼 그레이 덕분에……."

들이가 입을 열었을 때 집 안에 다시 불이 들어왔어요.

"아! 전기가 다시 들어왔다!"

엄마의 표정이 밝아졌어요. 엄마는 서둘러 냉장고를 살펴보셨어요.

"아빠, 그레이 얘기를 하고 계셨잖아요. 그레이 덕분에 전기 기술이 발전하게 됐나요?"

들이의 질문에 아빠는 고개를 가로저었어요. 아니라는 뜻이었지요.

"전기에 대해 보다 구체적으로 알게 된 건 채 400년도 되지 않았어. 전기가 무엇인지, 그것을 실생활에 사용하려면 어떻게 해야 하는지 알아낸 건 '프랭클린'이라는 과학자였지."

프랭클린은 세상 모든 물체에 일정한 양의 전기가 있다는 걸 알아냈어요. 또 프랭클린은 많은 물체가 평소에는 전기를 띠고 있지 않는 것처럼 보이지만, 마찰을 가하면 전기가 생겨난다는 걸 알아

냈지요.

"프랭클린은 전하라는 것이 전기를 일으킨다고 생각했어."

"전하가 뭐예요?"

이야기를 듣던 들이가 눈을 깜박이며 묻자 엄마가 킥킥대며 들이를 놀렸어요.

"전하가 뭔지 왜 몰라? 전하! 아니 되옵니다! 사극에 맨날 나오잖아."

전하와 전류

"전하가 뭐냐면 말이야……. 프랭클린은 물체 안에 있는 무언가가 서로 이동하고 있다고 생각했어. 그것을 '전하'라고 이름 붙였지. 그리고 양(+)전하와 음(−)전하 두 가지로 구분했단다."

"양전하와 음전하요?"

"원자에 대해서 잘 알게 되면 전하를 이해하기가 쉬울 거야. 세상의 모든 물체를 쪼갤 수 없을 때까지 쪼개면, 무엇이 있을까? 더 이상 쪼갤 수 없는 가장 작은 것을 원자라고 불러."

이후 원자도 다시 쪼갤 수 있다는 것을 알게 되었어요. 원자는 다시 원자핵과 전자라는 물질로 나눌 수 있지요.

원자핵은 원자의 중심에 있어요. 원자핵은 그 속에 양성자와 중

▲ 원자핵과 원자핵 주위를 도는 전자의 모형

성자를 갖고 있어요. 그리고 그 주위를 전자라는 것이 빠르게 돌고 있지요. 마치 태양을 중심으로 여러 행성들이 돌고 있는 것처럼 말이에요. 원자핵이 갖고 있는 양성자와 주변을 돌고 있는 전자는 수가 같아요. 양자 역학이라는 학문이 발전하면서 여러 과학자들이 프랭클린이 이름 붙인 양전하는 양성자이고 음전하는 전자라는 것을 밝혀냈어요. 프랭클린이 이름 붙인 전하가 실제로 존재한다는 것이 밝혀진 거지요. 그런데 프랭클린은 양전하가 움직이는 것이 전류라고 생각했지만, 실제로 전류는 전자, 즉 음전하가 움직이는

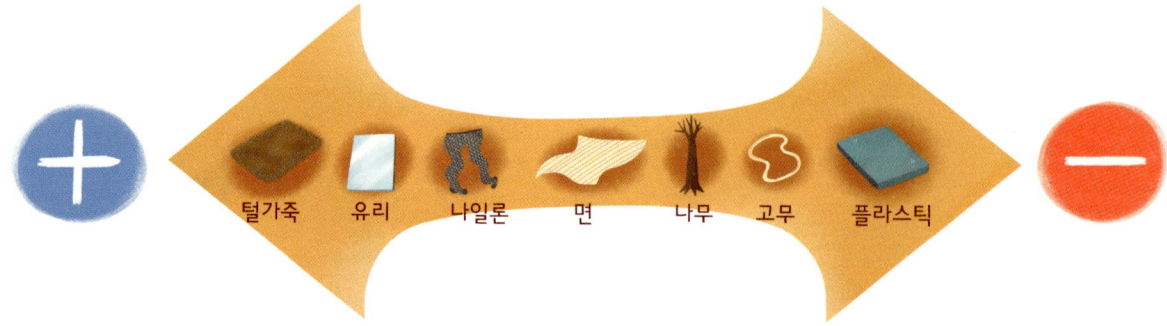

것이었답니다. 양성자는 플러스 성질을 갖고 있고, 전자는 마이너스 성질을 갖고 있어요.

　이 둘은 서로 다른 성질을 갖고 있지만, 서로 같은 양을 유지하고 있어요. 그런데 마찰이 생기면 전자가 이동하게 돼요. 그러면서 성질이 바뀌어 전기가 일어나게 되는 것이지요.

　"그런데 물체가 마찰할 때, 어느 쪽의 전자가 움직이는 건가요?"

　"어느 쪽의 전자가 이동하는지는 물체에 따라 다르단다. 어느 물체와 마찰시키느냐에 따라서 (+)전기를 띠기도 하고, (-)전기를 띠기도 해."

　아빠는 그림에서 (+)와 가까이 있는 물체일수록 (+)전기가 되기 쉽고, (-)와 가까이 있을수록 (-)전기를 띠기 쉬운 거라고 설명해 주셨어요.

　즉 (+)와 가까이 있는 물체일수록 전자를 잃기 쉽고, (-)에 가까울수록 전자를 얻기 쉽다는 것이지요. 털가죽에 유리 막대를 문지르면 어느 쪽이 전자를 잃어 (+)전기를 띠게 될까요? 그림에서 보

면 털가죽이 (+)와 더 가깝지요? 털가죽에 있던 (−)성질의 전자들이 유리 막대로 옮겨가기 때문에 털가죽은 (+)전기를 띠게 되고, 유리 막대는 전자를 더 얻게 되어 (−)전기를 띠게 된답니다. 만약 플라스틱과 유리 막대를 문지르게 되면 어떻게 될까요? 플라스틱은 유리 막대보다 전자를 더 얻기 쉬우니 플라스틱이 (−)전기를 띠고 유리 막대가 (+)전기를 띠게 되겠지요?

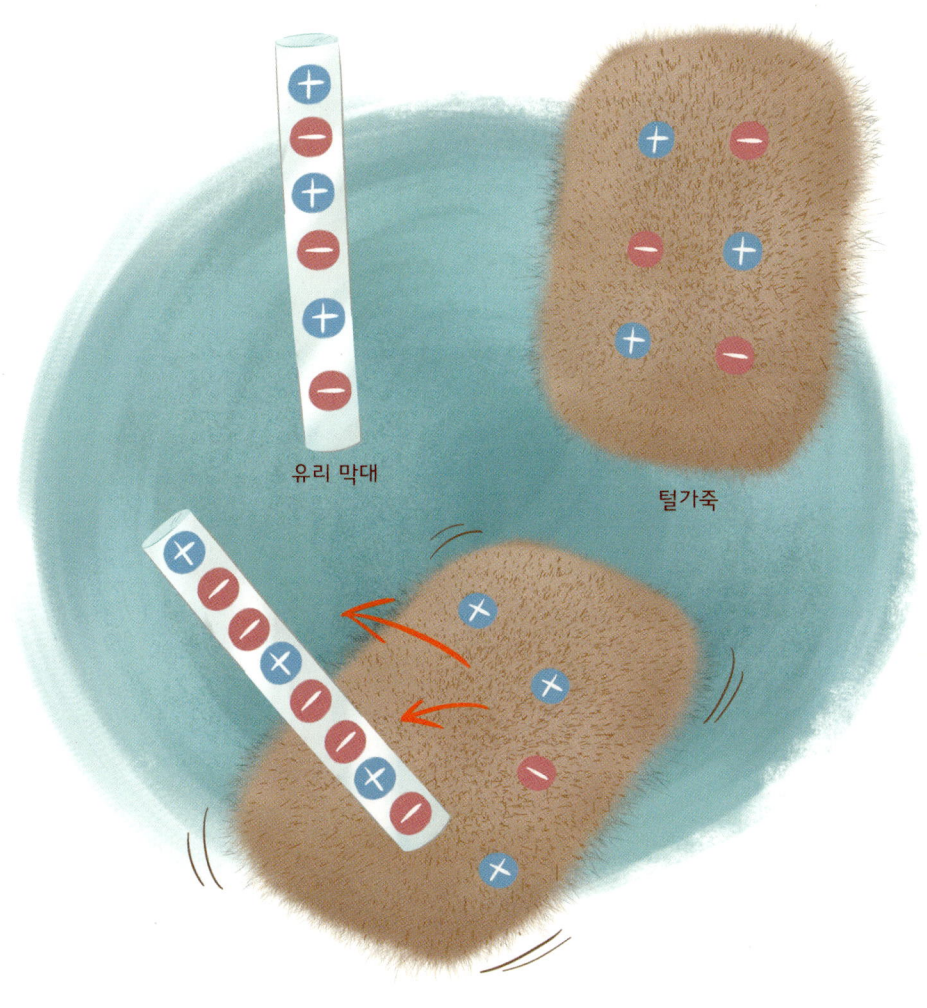

유리 막대

털가죽

유리 막대 문지르기 실험

여기 유리 막대 두 개와 명주 천이 있어요. 명주 천에다가 유리 막대를 마구 비비면 어떻게 될까요? 방금 전까지만 해도 서로 밀어내거나, 당기지 않던 유리 막대가 서로를 밀어내게 돼요.

또 두 개의 플라스틱 막대에다가 양털을 마구 비벼도 마찬가지예요. 두 개의 플라스틱 막대는 서로를 밀어내지요.

두 막대가 왜 서로를 밀어 내는 걸까요?

그건 막대들이 마찰을 하면서 전하가 이동했기 때문이에요. 원래 막대는 똑같은 양의 플러스 전하와 마이너스 전하를 갖고 있지요. 그런데 마찰이 일어나면서 원래 갖고 있던 전자의 수가 달라진 거예요. 그런데 재미있게도

명주 천으로 비빈 유리 막대와 양털로 비빈 플라스틱 막대를 서로 갖다 대면 서로 바짝 잡아당긴답니다.

왜 이렇게 되느냐고요?

둘은 서로 다른 전하를 가진 막대이기 때문이지요.

플러스 전하를 많이 갖고 있는 두 물체가 만나면 서로 상대를 밀어내요. 마이너스 전하를 가지고 있는 물체끼리 만나도 서로를 밀어내요. 하지만 플러스 전하를 가진 물체와 마이너스 전하를 가진 물체가 만나면 서로 잡아당겨요.

전자는 마이너스 전하를 가진 물체에서 플러스 전하를 가진 물체로 흘러가지요. 프랭클린이 전류를 (+)에서 (−)로 흐르는 것이라고 정했기 때문에 전류의 방향은 (+)에서 (−)로 흐른다고 약속하게 되었어요. 하지만 실제로 전자는 (−)에서 (+)로 이동하지요. 전류의 방향과 전자의 이동 방향이 서로 다르답니다.

"그런데 이런 현상은 계속 되는 게 아니란다. 일정한 시간이 되면 스르르 사라지게 되지."

두 물체가 적당량의 전자를 나눠 갖게 되면 더 이상 전기를 띠지 않아요. 이런 상태를 중성 상태라고 하지요.

가방, 필통, 손수건, 책받침, 장난감 등등 우리가 사용하는 대부분의 물체는 중성 상태를 유지하고 있어요. 물체 속에 들어 있는 마이너스 전하와 플러스 전하가 서로 같은 양을 이루고 있기 때문이지요.

전류는 흐른다

"들이야, 우리 재미있는 실험을 해 볼까?"

먼저 쇠막대를 명주 천으로 문질러 봐요. 그러고서 그걸 몸에 가져다 대면 "뜨악!" 할 정도로 찌릿한 전기가 느껴질 거예요. 하지만 잠깐 쇠막대를 내려두었다가, 몸에 다시 갖다 대면 어떻게 될까요?

신기하게도 방금 전까지 찌릿하게 느껴지던 전기가 느껴지지 않게 되지요. 아까의 쇠막대는 전류가 흐르는 상태였고, 나중의 쇠막대는 전류가 흐르지 않는 상태가 되어 버린 거지요.

대체, 전류가 뭐냐고요?

전류는 전자가 움직이는 활동을 말해요. 전자가 움직이면 전류가 생기게 되지요. 전류에 대해 쉽게 이해하려면 물줄기를 떠올려 보

면 돼요.

　우리가 흔히 쓰는 건전지를 살펴보면 (+)극 쪽이 볼록 튀어나와 있고, (−)극 쪽은 오목하게 들어가 있지요. 이것은 (+)극과 (−)극을 눈으로 알아보기 쉽게 표시해 둔 거랍니다. 아까 전류의 방향은 (+)에서 (−)로 흐른다고 했지요? 이것은 일종의 약속이랍니다. 전자는 실제로 (−)에서 (+)로 흐르지만, 전류는 (+)에서 (−)로 흐른다고 부르기로 한 것이지요.

▲ 전류의 흐름과 전자의 흐름

전기와 물은 비슷한 게 많아요. 한꺼번에 많은 물이 흘러갈수록 물살이 세지는 법이지요. 전류도 마찬가지로 한꺼번에 많은 전자가 움직일수록 세기가 세어지지요. 전류의 세기는 회로*의 어떤 지점을 1초 동안 지나는 전자의 수로 나타내는데, 전류의 세기를 나타내는 단위는 암페어(A)를 사용해요.

"여기 텔레비전 뒤에 220V라는 기호가 쓰여 있잖아요. V는 또 뭐예요?"

아빠는 잠시 뜸을 들이더니 설명을 계속했지요.

"V는 볼트라고 부르는데, 전압의 세기를 의미한단다."

"전압이요?"

한꺼번에 많은 양의 전자를 움직이게 하려면 어떻게 해야 할까요? 전자들이 움직일 수 있도록 힘을 세게 주어야겠지요. 그러면 그 힘 때문에 전자들이 많이 움직이게 될 테고, 전류가 세어져서 암페어도 커지게 될 거예요.

이렇게 전자를 움직이게 만드는 힘을 '전압'이라고 해요.

전압의 단위인 볼트(V)는 이탈리아의 물리학자 볼타의 이름을 따온 거예요. 볼타는 배터리라고도 불리는 전지를 처음으로 발명한 과학자예요.

"아, 그러고 보니 우리가 쓰는 단위 속에는 과학자들의 이름이 많이 숨어 있네요."

들이는 고개를 끄덕였어요.

아빠는 당연하다는 표정을 지었지요.

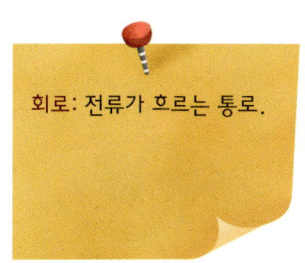

회로: 전류가 흐르는 통로.

▲ 전압계

"지금 우리가 알고 있는 내용들을 연구하기 위해 얼마나 많은 땀과 눈물을 흘렸겠니. 아무것도 없는 상태에서 새로운 것을 창조해내기란 결코 쉬운 게 아니란다. 그런 의미에서 과학자의 이름을 따서 단위로 쓰는 거란다."

보통 집에서 사용하는 전압은 220V예요. 우리가 쓰는 일반 건전지의 전압은 보통 1.5V지요.

이러한 전압은 전기를 이용해 움직이는 제품의 규격과 밀접한 관계가 있어요. 우리가 쓰는 전기 제품에는 저마다 정해진 규격이라는 것이 있는데 이 규격은 전기를 쓰는 가전제품의 사이즈라고도 할 수 있지요. 전구로 예를 들어볼까요? 3V를 필요로 하는 전구가 있어요. 그런데 1.5V의 전압을 준다면 어떻게 될까요? 불은 밝아지겠지만 아주 희미할 거예요.

반대로 3V짜리 전구를 6V짜리 전지에다 연결하면 어떻게 될까요? 이런 경우 처음에는 전구가 밝게 빛을 내겠지만 금세 고장이 나버리고 말겠지요. 한

▲ 220V 플러그

꺼번에 너무 많은 양의 전류가 흘러 들어와서 말썽이 생기는 거지요.

　우리가 쓰는 전기 제품에는 모두 전압을 표시해 두는 장치가 있어요. 콘센트 부분을 잘 살펴보면 그곳에는 저마다 필요한 전압이 표시되어 있어요. 오늘날 우리가 쓰는 대부분의 전기 제품은 220V를 사용하지요. 하지만 어떤 제품은 110V를 쓰기도 해요. 그러니까 전기 제품을 사용할 때는 항상 정해진 규격을 잘 살펴보고, 맞는 전압을 이용해야 한답니다.

▲ 110V 플러그

도체와 부도체

세상에는 아주 많은 물질이 있어요.

눈을 돌려 지금 주변에 있는 물질이 무엇인지 살펴볼까요?

당장 눈앞에 있는 것만 봐도 책상, 컴퓨터, 휴대 전화, 공책, 책, 연필, 종이 등……. 일일이 셀 수 없을 정도로 많은 종류의 물질이 있지요. 이 물질들 가운데 전기가 통하는 물질이 있는가 하면, 그렇지 않은 물질도 있어요.

모든 물질에 전기가 통하는 것은 아니라는 사실을 알아낸 건 영국의 물리학자 그레이였어요.

그레이는 전기를 연구하고 있었지요. 그는 평소처럼 정전기 실험을 했어요. 넓고 커다란 탁자에다가 유리 막대와 명주로 만든 천,

그리고 깃털을 놓아 둔 그레이는 실험을 시작했지요.

　그레이는 먼저 유리 막대에다 명주 천을 북북 문질렀어요. 그러고서 재빨리 유리 막대에다 깃털을 갖다 대니 신기하게도 깃털이 찰싹 달라붙었지 뭐예요? 명주 천으로 문지른 유리 막대를 손에 갖다 대면 찌릿하고 충격이 느껴졌지요.

▲ 정전기 현상

　"이번에는 좀 덩치가 큰 물건을 끌어당겨볼까?"

　그레이는 유리 막대를 명주 천으로 열심히 문질렀어요. 그러고서 얼른 나무토막에다 막대를 갖다 대 보았지요. 하지만 나무토막은 꼼짝도 하지 않았어요.

　'혹시 어떤 물질에는 전기가 통하고 어떤 물질은 안 통하는 게 아닐까?'

　이렇게 생각한 그레이는 새털을 이용해 다른 실험을 해 보기로 했어요. 먼저 철선 한쪽 끝에 깃털을 놓아두었답니다. 그레이는 반대편 철선 끝에 명주 천으로 비빈 유리 막대를 갖다 댔지요. 그러자 놀랍게도 철선 끝에 놓인 새털이 찰싹 달라붙었어요.

　"유리 막대를 직접 갖다 대지 않아도 새털이 달라붙다니!"

　그레이는 신이 났어요. 그레이는 이번에는 나무토막 끝에 깃털을 놓아두고 다른 끝에 명주 천으로 한껏 문지른 유리 막대를 갖다 대

보았어요.

"이번엔 새털이 달라붙지 않네!"

그레이는 철선이 유리 막대의 힘을 그대로 전해 주었기 때문에 새털이 달라붙은 거라고 생각했어요. 나무토막은 유리 막대의 힘을 전해 주지 못하는 물질로 이뤄진 거라고 생각했지요.

그레이는 여러 가지 물질로 이 실험을 해 보았어요. 그리고 한 가지 결론을 내리게 됐지요. '세상에는 전기를 전해 줄 수 있는 물질이 있고, 반대로 전해 주지 못하는 물질이 있다.' 이걸 좀 어려운 말로 도체(전기를 전달하는 물질)와 부도체(전기를 전달하지 못하는 물질)라고 해요.

철처럼 전기를 잘 전달하는 물질로는 금, 은, 구리, 알루미늄, 텅스텐*, 철 등이 있어요. 반대로 실처럼 전기를 잘 전해 주지 못하는 물질로는 자기*, 고무, 비닐, 종이, 공기, 나무 등이 있지요.

텅스텐: 흰색이나 회색을 띤 광택 있는 금속. 순수한 텅스텐은 잘 늘어나고 녹이 슬지 않는다.

자기: 흙을 원료로 빚어 높은 온도에서 구운 그릇을 말한다.

전기를 잘 전달하는 물질의 공통점이 무엇일까요? 그래요, 대부분 금속이라는 거예요.

보통 금속은 전기를 잘 전달시키지요. 그래서 전기 제품에 연결하는 전선을 살펴보면 안쪽은 금속인 구리선으로 되어 있고, 바깥 부분은 고무로 덮여 있답니다. 만약 전선의 바깥 부분도 전기를 잘 전달하는 물질로 되어 있다면 감전될 위험이 있으니까, 부도체인 고무로 바깥을 감싸 준 거예요.

물은 도체일까요? 부도체일까요? 순수한 물은 전

기가 통하지 않지만, 물 묻은 손으로 전기 콘센트를 잘못 만지면 감전되는 경우가 있지요. 우리가 흔히 보는 물은 순수한 물이 아니에요. 그 속에는 각종 물질들이 녹아 있어요. 물에 전기가 통하는 것은 바로 이런 물질 때문이랍니다. 순수한 물은 전기가 통하지 않아요. 물을 끓여서 얻은 수증기를 식혀서 만든 증류수는 부도체지요.

그렇다면 사람의 몸은 어떨까요? 사람의 몸은 혈액에 있는 철분 성분 때문에 도체랍니다. 피부가 마른 상태에서는 저항이 높아서 전기가 흐르지 않는 경우도 있지만, 물기 어린 손이나 땀이 난 손에는 전기가 잘 통하지요. 자칫하면 감전이 될 수도 있기 때문에 전기 콘센트와 플러그는 꼭 물기 없는 손으로 만져야 해요.

전기 회로 만들기

전기가 통하는 물체인지, 아닌지 알아보려면 어떻게 해야 할까요? 이때 간단히 실험해 볼 수 있는 기구가 있어요. 바로 '회로 검사기'라는 걸 이용하면 돼요. 회로란 전류가 흐르는 길을 말하는 거고, 회로 검사기는 회로가 제대로 만들어졌는지 아닌지를 검사하는 기계지요.

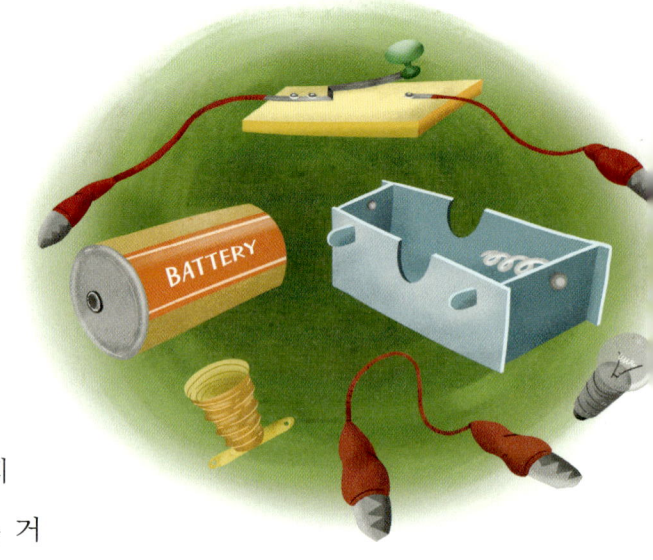

▲ 전기 실험 도구

회로를 설명할 때는 약속한 용어를 써야 해요. 모든 통로가 잘 연결되어 전류가 흐를 수 있는 경우에는 '닫힌 회로'라고 하고, 어느 한 곳이 끊어져서 전류가 흐를 수 없는 회로는 '열린 회로'라고 하지요. 일반적으로 닫혔다는 말은 어딘가 통과가 안 된다는 말 같지만, 회로를 읽을 때는 그 반대로 쓰인다는 걸 잊지 말아야 해요.

전기 회로는 전지, 전구, 스위치와 같은 것들로 이루어져 있어요. 전지는 전기를 공급해 주고, 전구는 불을 밝혀서 전기가 제대로 공급되고 있는지를 알 수 있게 해요. 스위치는 전기 회로에서 전류가 흐르는 길을 끊거나 이어 주는 역할을 해요. 전구에 불이 켜지려면 스위치가 닫혀 있어야 하지요.

회로를 연결하는 방법은 직렬연결과 병렬연결, 두 가지가 있어요. 전지를 연결하는 방법에 따라서 전구의 밝기와 불이 켜져 있는 시간이 달라진답니다. 차근차근 살펴볼까요?

먼저 전지의 (+)극을 다른 전지의 (-)극에 연결하고, 나머지 두 개의 극을 전구에 이어주는 방법을 직렬연결이라고 해요. 전지의 다른 극끼리 이어서 전류가 흐르도록 하는 것이지요.

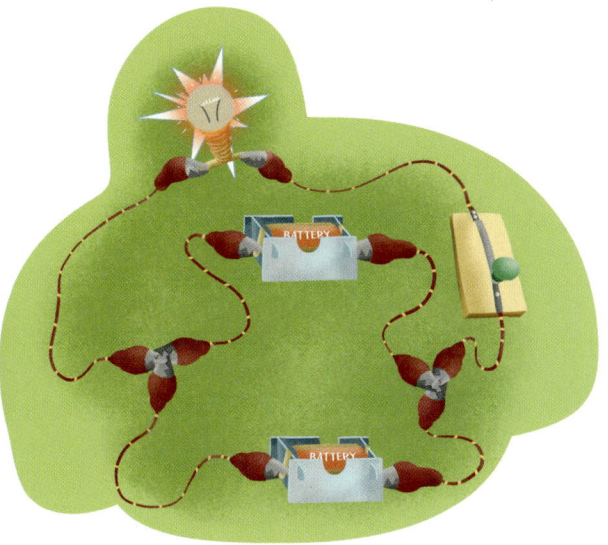
▲ 병렬연결

▲ 직렬연결

전지를 직렬로 연결하면 전지를 한 개만 사용할 때보다 전구의 불이 훨씬 밝아지지요. 전압이 세어지기 때문이에요. 하지만 전지가 금방 닳는다는 단점이 있어요. 반대로 전지를 병렬로 연결하면 전지를 한 개만 사용할 때보다 빛이 더 밝아지진 않지만 전구의 불이 더 오래 지속된답니다. 병렬연결은 직렬연결보다 두 배 가량 시간이 길어지지요.

인물로 깊이 보기

전지를 만든 볼타

18세기까지만 하더라도 사람들은 정전기 현상을 '신기한 일'이라고만 생각했어요. 하지만 과학자들은 달랐어요. 과학자들은 여러 가지 실험을 통해 전기의 비밀을 밝혀내려고 애썼답니다. 과학자들의 끝없는 노력 덕분에 유리와 가죽, 명주 천으로 마찰 전기를 일으킬 수 있다는 것까지는 알아냈지요.

하지만 이탈리아의 물리학자였던 알레산드로 볼타는 이런 사실에 만족할 수가 없었어요. 볼타는 그 사실을 바탕으로 끊임없이 연구한 결과 전기는 다른 종류의 금속이 서로 닿았을 때 생긴다는 걸 밝혀냈어요. 볼타는 1794년 자신의 연구를 '금속 전기'라고 발표했지요.

그 연구를 발표한 후 볼타는 또 다른 실험을 해 보았어요. 금속에다가 레몬즙을 뿌린 다음 서로 닿게 했더니 더 센 전기가 일어난 거예요.

산성을 이용하면 더 센 전기를 일으킬 수 있다고 생각한 볼타는 구리와 아연 원판 사이에다 소금물을 적신 천을 여러 장 끼워 보았지요. 그러자 전기가 오랫동안 흐르게 됐어요.

이 사실을 바탕으로 볼타는 묽은 황산에다가 구리와 아연판을 담그는 실험을 했어요. 그러자 아연에서 구리 쪽으로 전자가 이동했고, 전류가 흐르게 됐지요. 이게 바로 세계 최초의 전지랍니다. 볼타는 이것을 자신의 이름을 따서 '볼타 전지'라고 불렀지요.

현재 사용하는 전지는 화학 반응을 이용해 전기 에너지를 만드는 화학 전지와 햇빛이나 바람 같은 에너지를 바로 전기로 만들어주는 물리 전지가 있어요.

대표적인 화학 전지로 건전지를 꼽을 수 있어요. 건전지는 한 번 쓰고 버리는 1차 전지와 충전해서 다시 사용할 수 있는 2차 전지로 나뉘지요. 1차 전지는 손전등이나 시계 같은 것에다 넣는 일반적인 건전지를 말해요. 한 번 쓰면 더 이상 쓸 수 없어서 환경을 해친다는 단점이 있지요.

2차 전지는 한 번 쓴 후에도 충전을 해 주면 계속해서 쓸 수 있는 것이에요. 휴대 전화의 배터리라든지, 카메라나 캠코더의 배터리가 2차 전지에 속하지요.

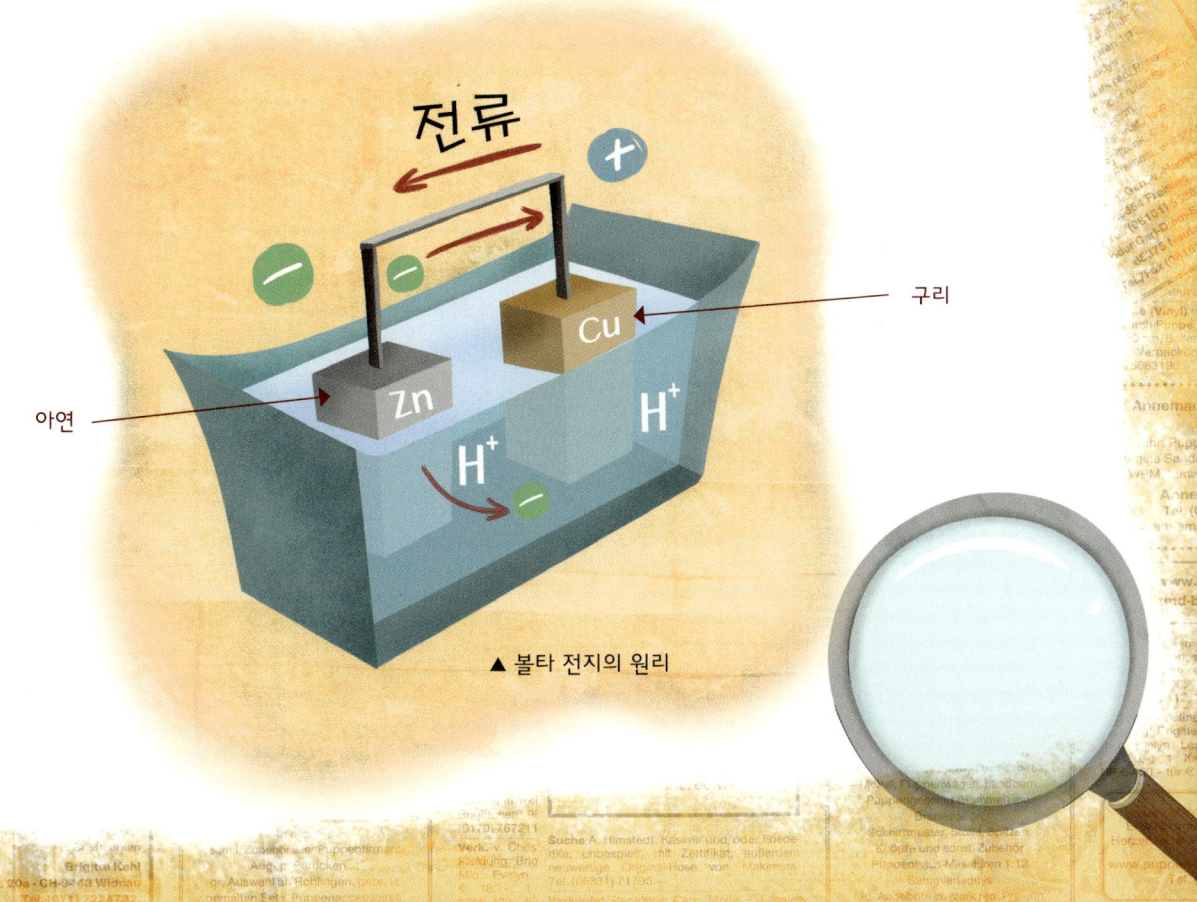

▲ 볼타 전지의 원리

자기란 무엇일까요?

"자석에다 쇠를 갖다 대면 어떻게 될까?"
아빠가 깜짝 퀴즈를 냈어요.
들이는 피식 웃었지요.
"그야 당연히 쇠가 찰싹 달라붙지요."
들이가 자신 있게 대답했어요.
"그래, 자석에다 쇠를 갖다 대면 찰싹 달라붙는단다. 자석에는 철이나 니켈, 코발트 같은 금속을 끌어당기는 힘이 있거든."
 자석을 처음 발견한 건 그리스의 양치기인 '마그네스'라는 사람이었대요. 하루는 마그네스가 양떼를 몰고 가다가 검고 울퉁불퉁한 돌을 발견하게 됐지요. 마그네스는 양떼를 몰 때 쓰는 쇠막대기로

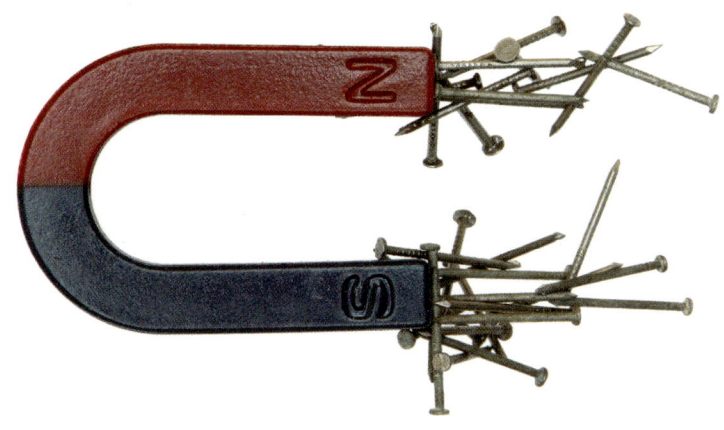

검은 돌을 툭 쳤어요. 그랬더니 막대기가 돌에 찰싹 달라붙지 뭐예요.

마그네스의 눈이 휘둥그레졌지요. 마그네스는 검은 돌에 다른 나무 막대기를 갖다 대 보았어요. 이번에는 막대기가 달라붙지 않았어요. 호기심이 생긴 마그네스는 검은 돌에다가 여러 가지 물건들을 갖다 대 보았지요. 그러자 어떤 물건은 달라붙고, 또 어떤 물건은 툭 떨어져 나갔어요.

'철이나 금속으로 된 물건은 달라붙는구나.'

마그네스는 검은 돌의 조각을 떼어다가 집으로 가져갔어요. 이 검은 돌의 이름이 마그넷, '자철광'이라고 부르는 것이었답니다. 자철광은 자석의 성질을 가진 돌이에요.

마그네스가 자철광을 발견했을 무렵, 중국에서는 이미 자철광을 실생활에 이용하고 있었답니다. 자철광을 실에 매달아 두면 항상 북쪽을 가리킨다는 사실을 알아낸 중국 사람들은 이것을 이용해 나침반을 만들었지요.

  자석 역시 자철광으로 만드는 것이에요. 자석이 금속을 끌어당기는 현상을 자기라고 하고, 자철광이 금속을 끌어당길 때 힘의 세기를 자기력이라고 하지요. 자기력은 우리 몸으로 느낄 수도 없고, 눈에 보이지도 않는 힘이에요. 그렇다면 자기력이 있는지 없는지는 어떻게 알 수 있을까요?

  방법은 간단하답니다. 철 가루를 이용하면 되지요. 자기력을 띠는 물체, 즉 자석 근처에다가 철 가루를 뿌리면 철 가루가 곡선을 그리며 죽 늘어서는 것을 볼 수 있어요. 이 곡선을 자기력선이라고 하지요. 자기력선은 곧 자석의 힘이 미치는 정도를 나타내는 것으로, N극에서 나와 S극으로 들어가지요.

  자석의 힘은 무한정 멀리 뻗어나가지는 못해요. 일정한 범위 안

▲ 자석 주변에 철 가루를 뿌린 모습

에서만 힘을 발휘하지요.

"아차차, 중요한 걸 깜빡했구나."

아빠는 철 가루를 이용해 자기력선의 형태를 알아볼 때 꼭 한 가지 지켜야 할 것이 있다고 말씀하셨어요.

"그게 뭔데요?"

"철 가루를 뿌리려면 반드시 자석을 랩으로 감싼 뒤에 해야 한단다."

"왜요?"

"철 가루를 떼어내기 힘드니까 그렇지."

어느새 일어난 날이가 불쑥 끼어들었어요.

아빠는 '빙고!'라고 외치셨지요.

철 가루를 자석에 바로 뿌리면 철 가루가 자석에 찰싹 달라붙어 떼어내기가 쉽지 않지요. 그래서 자기력선을 알아보는 실험을 할 때는 자석을 랩이나 종이로 감싼 뒤에 철 가루를 뿌려야만 한답니다.

"자, 이렇게 자석을 랩으로 감싸고 철 가루를 솔솔 뿌리면……."

아빠는 자석 두 개를 서로 다른 극끼리 마주보게 하여 바닥에 놓고, 그 주위에다가 철 가루를 뿌렸어요. 그러자 자석 사이에 뿌려진 철 가루들이 서로 쭉 이어져서 끌어당기는 듯한 모양을 하게 됐지요.

"자, 이번에는 반대로!"

아빠가 자석 두 개를 서로 같은 극끼리 마주보게 했어요. 그러자 자석 사이의 철 가루가 서로 이어지지 않고 밀쳐 내는 모양을 하게 됐지요.

"자석이 서로 잡아당기는 힘을 인력이라고 하고, 서로 밀어내는 힘을 척력이라고 한단다."

아빠의 얘기를 들은 들이가 중얼거렸어요.

"아빠, 나랑 날이는 자석의 같은 극인가 봐요."

"아니, 왜?"

"우린 서로 밀어내거든요. 저리 가!"

"오빠나 저리 가!"

그 모습을 본 아빠가 껄껄 웃음을 터트렸어요.

"흐음, 그렇다면 너희 둘은 항상 떨어져 있는 게 좋겠구나."

"왜요?"

"자, 이걸 좀 보렴."

아빠는 자석이 서로 다른 극을 마주보게 하고 가까이 놓아두었어요. 그러자 자석이 찰싹 달라붙었지요. 하지만 자석을 조금 멀리 떨어트려 놓았더니, 자석이 서로 달라붙지 않았지요.

"자석을 멀리 떨어트려 놓을수록 자기력이 미치는 힘이 약해지고, 결국에는 서로 아무런 영향도 끼치지 않게 된단다."

"그러니까 자석은 서로 가

까이 있을 때만 힘을 발휘하는군요?"

"그렇지!"

자기력이 가장 강하게 힘을 발휘하는 부분은 자석의 양 끝 부분이에요. 자석에다 클립들을 갖다 대 보세요. 자석의 양쪽 끝 부분에는 클립이 우수수 달라붙고, 가운데 부분은 클립이 달라붙지 않는다는 걸 알 수 있을 거예요. 즉, 자석의 양 끝은 자기력이 가장 세고, 자석의 가운데로 갈수록 자기력이 약하단 뜻이지요.

자석 가운데 자기력이 가장 센 자석은 네오디뮴이라는 것이에요.

네오디뮴은 서로 다른 극끼리 찰싹 달라붙으면 웬만해서는 떼어 낼 수 없을 정도로 힘이 세답니다.

자석과 극

"모든 금속은 자석에 붙을까?"
아빠가 또 퀴즈를 냈어요.
들이는 이번에도 자신 있게 대답했지요.
"당연하죠. 자석은 금속을 끌어당기니까요."
"땡!"
들이는 눈을 휘둥그레 떴어요.
"금속이라고 해서 모두 자석에 붙는 건 아니야. 구리나 알루미늄은 금속이지만 자석에 붙지 않아."
"왜 그런 거예요?"
"자석은 자석끼리만 붙는단다. 자석을 사람에 비유하면, 친한 친

구들하고만 놀려고 하는 아이라고 할 수 있지."

아빠의 말에 들이는 고개를 갸웃했어요.

"철은 자석이 아니잖아요. 그렇지만 자석에 달라붙는걸요?"

"물론 철은 자석이 아니지. 하지만 철이 자석에 달라붙는다는 건 순간적으로 자석이 되었다는 뜻이란다."

철과 같은 물질은 자석의 자기장 때문에 잠깐 자석이 되는 거래요. 그래서 자석과 찰싹 달라붙게 되는 것이지요.

"플라스틱이나 고무는 왜 자석에 달라붙지 않는 거예요?"

"자석에 붙는다는 것은 자기장의 범위 안에 있을 때 원자 배열이 자기장의 방향에 따라서 바뀐다는 거란다. 플라스틱이나 고무 같은 물질은 자기장에 따라서 원자 배열이 바뀌지 않아."

철이나 코발트, 니켈처럼 일시적으로 자석이 되는 물체를 강자성체라고 해요. 자기력이 통하지 않아서 자석이 될 수 없는 구리, 알루미늄, 플라스틱, 나무, 고무 같은 물질은 비자성체라고 하지요.

아빠는 자석을 하나 꺼내 들었어요.

"이 자석 좀 보렴. 자석에는 N극과 S극이 있단다. 이건 어느 자석이나 마찬가지야. 모든 자석에는 N극과 S극이 있지."

아빠는 재미있는 실험을 보여 주겠다며 자석을 망치로 쾅 내리쳤어요. 그러자 자석이 '툭' 하고 쪼개졌지요.

"자, 아까 여기 이 부분, 빨간색 부분이 N극이고 파란색 부분이 S극이라고 했었지? 자석을 쪼개면 어떻게 될까?"

"글쎄요."

 "자석은 아무리 잘게 쪼개도 끝 부분이 각각 N극과 S극으로 나누어진단다. 정말 신기한 녀석이지?"
 아빠는 자석의 성질에 대해 더 자세히 얘기했어요.
 N극과 S극으로 이루어진 자석은 자신과 반대되는 극을 좋아한대요. 반대되는 극을 만나면 좋아서 막 끌어당기지만, 같은 극을 만나면 밀어낸다는 거예요.
 "자석은 절대 같은 극끼리 달라붙지 않는단다."
 "참 재미있는 성질이네요!"
 이 성질은 어떤 자석에게든 마찬가지로 나타나요.
 사람들은 자석의 이러한 성질을 이용해서 여러 가지 편리한 발명

품을 만들었지요. 냉장고의 문을 살펴보면 한쪽에는 N극, 닫히는 부분에는 S극의 자석이 붙어 있어요. 이 성질을 이용해서 냉장고의 문을 열고 닫을 수 있지요. 그밖에도 우리 주변에는 필통, 병따개, 지갑 등 자석의 성질을 이용한 생활용품이 무수히 많아요.

▲ 다른 극끼리는 달라붙어요.

▲ 같은 극끼리는 밀어내요.

전류와 자기장

　자석과 자석 사이의 힘을 자기력이라고 하고, 자기력이 미치는 범위를 자기장이라고 하지요. 자기장은 자석의 수에 따라서, 그리고 양극이 놓이는 방향에 따라서 달라진답니다. 자기장은 자석 주위에만 생기는 게 아니라, 전류가 흐르는 곳에도 생겨요.
　전류와 자기장의 관계를 알아볼까요? 먼저 건전지에다가 꼬마전구를 연결해 보세요. 그런 다음 전선 옆에다 나침반을 놓아두고, 전류를 흘려 보세요. 전구에 불이 들어옴과 동시에 나침반의 바늘이 가리키는 방향이 달라지게 될 거예요. 이때 바늘은 어느 한쪽 방향으로만 움직이지요.
　그런데 자기장의 방향은 전류의 방향에 따라 바뀌어요.

전류를 위로 흐르게 하고, 도선 주변에 나침반을 갖다 대면 반시계 방향으로 바늘이 움직여요. 반대로 전류를 아래쪽으로 흐르게 하고 도선 주변에 나침반을 갖다 대면 시계 방향으로 움직이지요.

전류의 방향과 자기장의 방향이 바뀌는 걸 쉽게 알아보려면 앙페르가 생각해 낸 '오른손의 법칙'을 이용하면 돼요.

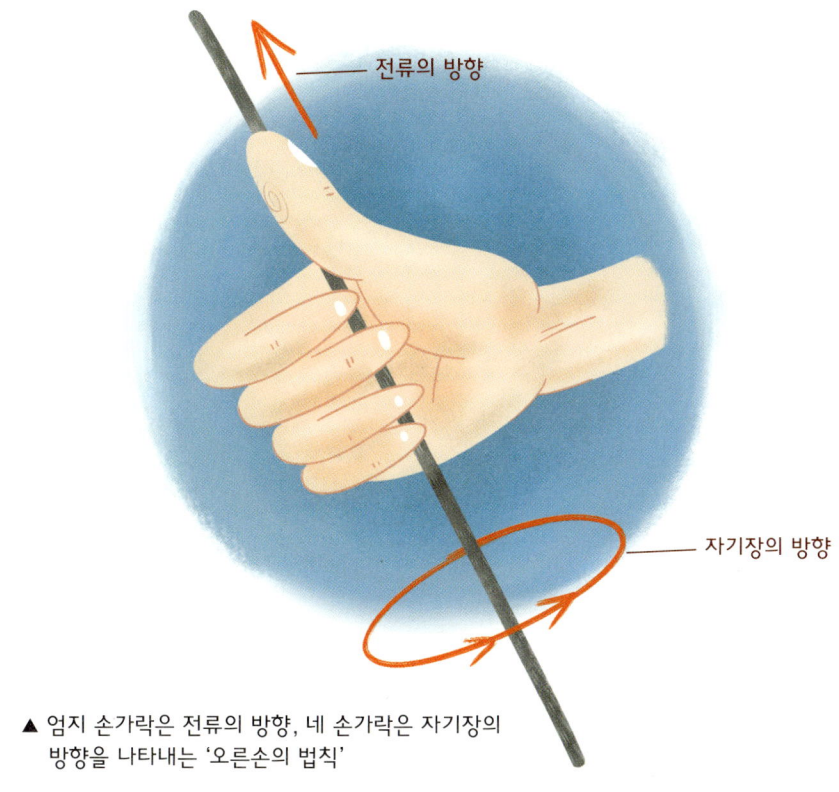

▲ 엄지 손가락은 전류의 방향, 네 손가락은 자기장의 방향을 나타내는 '오른손의 법칙'

프랑스의 물리학자 앙페르는 전류가 흐르는 도선 근처에 나침반을 갖다 대면 바늘의 방향이 바뀌는 것을 보고 전류와 자기장의 방향을 알아내는 방법을 생각해 냈어요.

방법은 간단해요. 오른손을 이용하면 되지요. 먼저 오른손의 엄지손가락을 전류의 방향으로 향하게 하고, 나머지 네 손가락으로 전선을 감아쥐어 보세요. 이때 오른손이 가리키는 방향은 전류가 흐르는 방향이고, 감아쥔 네 손가락이 가리키는 방향은 자기장이 가리키는 N극의 방향이 된답니다.

200년 전만 해도 과학자들은 전기와 자기가 비슷하기는 하지만, 별개의 현상이라고 여겼어요. 전류가 흐를 때 자기장이 생긴다는 것을 알게 된 것은 과학의 역사에서도 비교적 최근의 일이지요.

"전류와 자석이 서로 밀접한 관련이 있다는 걸 알아낸 건 우연한 계기 때문이었다는구나."

이 사실을 밝혀낸 건 외르스테드라는 과학자였어요. 그는 실험을 하다가 우연히 전기 회로에 전류를 흘려보내자 나침반의 바늘이 움직인다는 걸 알게 됐지요. 외르스테드는 여러 가지 실험을 한 끝에 전류가 흐를 때도 자기장이 생긴다는 사실을 밝혀냈어요.

"전류와 자기장은 아주

밀접한 관계가 있지."

전류를 이용하면 평범한 철을 자석으로 만들어 자석의 세기를 조절할 수도 있고, N극과 S극의 방향을 바꿀 수도 있답니다.

어떻게 그럴 수 있냐고요? 철심에다가 에나멜선을 감아 준 다음 전류를 흐르게 하면 자기장이 만들어져요. 철심이 전류에 의해 전자석이 된 것이지요. 자석의 세기를 더 세게 하려면 전류의 세기를 늘려 주면 되고, 극을 바꾸려면 전류가 흐르는 방향을 바꾸면 돼요.

전자석은 무거운 물체를 끌어올리는 기중기, 초인종, 자동문 개폐기, 자기 부상 열차, 컴퓨터의 하드 디스크 및 각종 카드 등에 널리 이용되고 있지요. 또 전자석은 영구 자석과 함께 이용되기도 해요.

▲ 전자석을 이용한 물건들

얼렁뚱땅 실험실!

나침반이 가리키는 쪽으로 가면 정말 북극이 나올까?

우리는 항상 자기장의 영향을 받으며 살아요. 왜냐하면, 지구도 하나의 거대한 자석이기 때문이지요.

나침반이 항상 북쪽인 N극을 가리키는 것도 바로 이것 때문이에요. 나침반은 항상 북극 쪽을 가리켜요. 이것은 지구의 북극이 자석의 S극을 띤다는 뜻이지요. 남극은 그 반대인 N극을 띠기 때문에 나침반의 바늘이 그쪽으로 움직이지 않는 거랍니다. 그렇다면 여기서 잠깐! 나침반이 가리키는 쪽으로 쭉 걸어가다 보면 정말 북극이 나올까요? 실험을 위해선 정말 걸어가 봐야겠지만, 그럴 순 없으니 결과를 먼저 얘기해 줄게요.

◀ 나침반

자석이 가리키는 쪽으로 걸어가면 북극에서 약 1,800킬로미터쯤 떨어진 캐나다 북부의 허드슨 만 근처에 도착해요. 자석이 가리키는 북쪽과는 반대되는 쪽으로 쭉 걸어가면 남극 대신 오스트레일리아 남부 지역에 도착하게 되지요. 실제로 북극이 나오지 않는 이유는 우리가 사용하는 지도의 남극과 북극은 자기장이 아닌 지구의 자전축을 기준으로 정해졌기 때문이에요. 자전축이 지나가는 지역의 끝을 각각 남극과 북극이라고 부르지요.

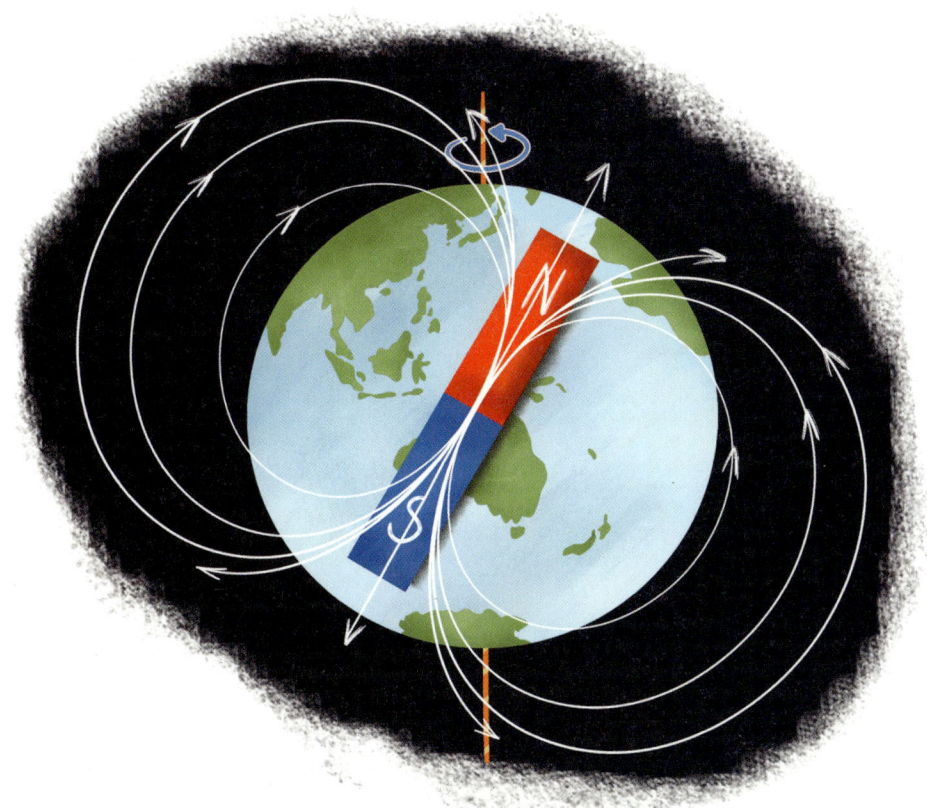

▲ 자석이 가리키는 극과 자전축은 차이가 있어요.

인물로 깊이 보기

전자석을 발명한 헨리

조지프 헨리는 1829년 아주 신기한 실험을 했어요. 철심에다 에나멜선을 칭칭 감아서 전류를 흘려보냈던 거예요. 그러자 전류가 흐르기 시작한 철심은 아주 강한 자석이 됐어요. 기존에 나와 있던 자석보다 무려 200배 이상 힘이 센 자석이 된 거예요.

"이 자석은 틀림없이 대단한 일을 하게 될 거야!"

하지만 헨리의 기대와는 달리 전자석이 쓰이는 곳은 별로 없었어요. 당시의 과학 기술로는 자석을 이용해 할 수 있는 일이 별로 없었기 때문이지요. 헨리는 전자석에 대한 연구를 계속했어요.

그러던 어느 날이었지요. 헨리는 전자석에 전류를 보내는 스위치를 만지작거리다가 재미있는 생각을 하게 됐어요.

'달칵, 달칵.'

헨리가 스위치를 누를 때마다 그 소리가 리듬처럼 일정하게 들렸던 거예요. 순간 헨리는 진동음을 이용해 일정한 규칙을 가진 암호를 만들어야겠다고 생각했지요. 헨리는 곧장 여러 가지 규칙을 정했어요.

"소리가 길면 L이라는 뜻이고, 소리가 짧게 세 번이면 O라는 뜻이고……."

이렇게 규칙을 정한 헨리는 전선의 길이를 길게 연결한 다음 먼 거리에 있는 조수에게 신호를 보냈어요.

"길게 두 번, 짧게 한 번, …… 내가 하고 싶은 말은 LOVE!"

잠시 후 헨리의 신호를 받은 조수가 종이에다가 글자를 써 왔어요. 종이에는 LOVE라는 글자가 쓰여 있었지요.

"됐어!"

이렇게 해서 헨리는 1831년 처음으로 전기를 이용한 전신* 방법을 발명해 냈답니다. 덕분에 먼 거리에 있는 사람에게도 빠르게 전보를 칠 수 있게 됐지요. 그밖에도 헨리는 여러 가지 전기 실험을 통해 다양한 발명품을 만들었어요.

그러나 불행하게도 헨리의 이름은 널리 알려지지 못했어요. 당시의 기술로는 헨리가 발명해 낸 것들을 이용하는 데 한계가 있었기 때문이었지요. 하지만 틀림없는 사실은 헨리의 발명품이 근대 과학의 발전을 성큼 앞당겼다는 것이에요.

전신: 문자나 숫자를 전기 신호로 바꾸어 전파나 전류로 보내는 통신.

우리 몸속의 전기

아빠가 새 스탠드를 사 오셨어요.

컴퓨터 게임을 많이 해서 부쩍 눈이 나빠진 들이를 위한 것이었지요.

"책을 읽을 땐 이걸 켜두도록 해. 어두운 곳에서 책을 읽으면 눈이 더 나빠질 수 있어."

"피, 아빠. 오빤 책 같은 거 안 읽어요."

선물을 보고 질투가 난 날이가 입술을 삐죽거렸지요.

들이는 아빠에게 받은 선물이 마음에 들었어요.

손을 갖다 대기만 하면 불이 들어오는 최신형 스탠드였기 때문이지요. 들이는 스탠드를 번쩍번쩍하게 닦아 놓으려고 입김을 호호

불었어요. 그런데 신기하게도 센서에 입김이 닿자 불이 켜졌지 뭐예요. 순간, 들이는 궁금한 게 생겼어요.

'손 말고 다른 걸 갖다 대도 불이 들어올까?'

들이는 먼저 기다란 플라스틱 자로 스탠드를 눌러 봤어요.

엇, 그런데 불이 켜지지 않아요.

들이는 고무 막대와 지우개로도 센서를 눌러 보았어요.

이번에도 불은 켜지지 않았지요.

하지만 철사를 이용하면 스탠드에 불이 들어왔지요. 들이는 속으로 '전기가 통하는 물체를 이용해야 불을 켤 수 있는 건가?'라고 생각했어요. 그러면 손가락도 전기가 통하는 물체일까요? 왜 손가락을 대면 불이 켜지는 걸까요?

궁금해진 들이는 아빠에게 물었지요.

"아빠, 우리 몸도 전기가 통해요?"

그 질문에 아빠는 빙그레 웃더니 재미난 이야기를 하나 들려주셨어요.

18세기 이탈리아에는 갈바니라는 유명한 의학자가 살았지요. 하루는 학생들이 갈바니를 만나러 집으로 찾아왔어요. 그때 갈바니는 잠시 외출 중이었어요. 학생들은 갈바니가 실험하던 것들을 이것저것 만지작거렸어요. 실험 도구 가운데는 껍질을 벗긴 개구리도 있었어요.

"와, 정말 신기하다."

학생들이 만지작거리는 것을 본 갈바니의 부인은 얼른 껍질을 벗긴 개구리를 금속 접시에 올려놓았어요. 남편인 갈바니가 이 모습을 본다면 버럭 화를 낼 게 뻔했기 때문이었지요.

마침 갈바니가 집으로 들어왔어요. 놀란 부인은 실수로 접시 옆에 있던 전기 발생 장치를 건드리고 말았답니다.

순간, 죽은 개구리의 다리가 살아 있는 것처럼 펄떡펄떡 움직였어요.

"으악, 죽은 개구리가 살아났어!"

갈바니의 제자들이 소리를 내질렀지요.

그 모습을 본 갈바니는 부인에게 아까 했던 행동을 다시 해 보라고 했어요. 부인은 또 똑같이 접시를 건드렸지요. 그러자 접시 끝에 놓인 칼이 전선을 툭 건드렸고, 그 순간 개구리의 한쪽 다리가 꿈틀하고 움직였어요.

그 모습을 본 갈바니는 흥분된 얼굴로 소리쳤어요.

"우린 어마어마한 사실을 발견할지도 몰라!"

갈바니는 개구리의 몸에 전기가 흐른다는 가설을 세우고 곧바로 실험해 보았어요. 그의 가설대로 동물의 몸에는 전기가 흐르고 있어요. 척추동물의 몸속은 신경으로 얽혀 있기 때문이지요. 우리 몸속 신경 세포의 안팎에는 전기가 흩어져 있는데 자극을 받을 때와 그렇지 않을 때 전기의 배치가 달라져요.

자극을 받지 않으면 바깥은 양(+)전하, 안은 음(-)전하가 되지요. 반면 자극을 받으면 거꾸로 되어 안은 양(+), 바깥은 음(-)으로 변해요. 우리 몸속에 있는 전기도 이런 상태를 이어 나가면서 팔다리에 전기 신호로 명령을 내리지요. 심장이 뛰는 것도 이러한 전기 신호와 밀접하게 연관돼 있지요.

"와, 그럼 우리 몸도 전기가 통하는군요."

번개의 원리

"쾅!"

갑자기 창가에 뭔가 번쩍이더니 뒤이어 하늘이 무너져 내릴 것처럼 '우르르' 하는 소리가 들려왔어요. 겁에 질린 들이와 날이는 서로 부둥켜안았지요.

"오빠, 무서워!"

"귀신이 나올 것 같아!"

또 한바탕 '우르르!' 하는 천둥소리가 나더니 이번에는 굵고 센 장대비가 내리기 시작했어요.

놀란 날이가 딸꾹질을 시작했어요.

들이는 날이 곁에 바짝 붙어 앉은 채로 오들오들 떨었지요.

4장 생활 속의 전기

"이러다 하늘이 쪼개지는 거 아닐까?"

"그럼 우린 어떻게 되는 거야?"

"몰라, 제발 우리 집엔 번개가 떨어지지 않게 해 달라고 기도하자."

들이는 날이 손을 붙잡고 기도했어요. 그때 비에 쫄딱 젖은 아빠가 집으로 들어오셨지요. 들이와 날이는 반가워서 눈물이 날 것 같았어요.

"아빠!"

"아이쿠, 잠깐 나간 사이에 비가 억수같이 쏟아지는구나. 프랭클린이 살아 있었다면 이런 날 좋아서 덩실덩실 춤이라도 췄을 텐데."

아빠가 젖은 신발을 벗으며 중얼거렸어요.

"번개 치는 날 왜 춤을 춰요?"

"하하, 프랭클린은 번개를 잡으러 다니던 과학자였거든."

아빠는 번개를 잡으러 다니던 괴짜 과학자 벤저민 프랭클린에 대해 얘기하기 시작했어요.

벤저민 프랭클린은 원래 인쇄소에서 일하는 기술자였대요. 아버지의 뒤를 이어받아 인쇄 공장을 운영하던 프랭클린은 우연히 '전기'라는 것에 대해 알게 됐지요. 프랭클린은 번개가 치는 것을 보다가 혹시 전기 때문에 일어나는 현상이 아닐까 하는 생각을 하게 됐어요.

"번개가 전기의 일종이라니, 말이 되는 소릴 해야지."

사람들은 프랭클린의 가설을 비웃었어요.

그러자 프랭클린은 직접 실험을 통해 번개의 성질을 증명해 보이겠다고 나섰지요. 그때부터 프랭클린은 비가 오는 날만 되면 커다란 연에 금속 막대를 매달아 하늘에 띄우려고 했어요.

프랭클린은 비바람이 몰아치는 곳이라면 어디든 마다하지 않고 달려갔지요.

"번개를 잡아야 해! 번개의 가면을 벗겨 내고 말 테다!"

1752년, 프랭클린은 실제로 연을 날려 번개를 땅으로 끌어내리는 것에 성공했어요. 이 실험은 자칫하면 목숨을 잃을 만큼 위험한 것이었지요. 하지만 프랭클린은 자신의 생각을 증명하기 위해서 위험천만한 실험을 직접 했던 것이랍니다.

프랭클린의 생각대로 번개는 전기의 성질을 갖고 있어요.

번개는 공기 중에 있는 물질들이 방전되어 생기는 현상이지요. 전기를 갖고 있던 물체가 전기를 잃어버리는 것을 방전이라고 해요. 번개는 구름과 구름 사이의 전기가 사라지면서 생기기도 하고, 구름과 땅 사이에 있던 전기가 사라지면서 생기기도 해요.

우리가 벼락이라고 부르는 것은 구름과 땅 사이의 전기가 사라지면서 생기는 현상으로 하늘에서 땅으로 떨어지게 되지요.

번개는 주로 소나기구름처럼 습하고 불안정한 공기를 머금은 구름에서 생겨나요. 이때 구름의 윗부분은 (+)전하를 갖게 되고 아랫부분은 (−)전하를 갖게 되는데, 이 두 전하는 공기 중에 서로 충돌하여 거대한 정전기를 일으키게 되지요. 이 어마어마하게 힘센 정전기가 바로 번개예요.

　번개 속에 있는 에너지는 100와트짜리 전구 4만 2천 개를 여덟 시간 동안 켤 수 있을 정도로 센 것이라고 해요. 번개가 생겨나면 주변에는 엄청난 열이 생기게 되고, 이 열 때문에 공기가 진동하여 '우르르' 하고 떨리는 소리가 나게 되지요. 이 소리가 바로 '천둥'이에요.

　번개는 천둥보다 빨리 내리치는 것처럼 보이지요. 이것은 빛이

▲ 번개가 치는 원리

소리보다 빠르기 때문에 번쩍하고 난 다음에야 뒤따라 '우르르' 하는 천둥소리가 나는 것이랍니다.

하늘에서만 번쩍이는 번개도 있지만 어떤 번개는 하늘에서 땅을 향해 내리치기도 해요. 이렇게 땅으로 떨어지는 번개를 '벼락'이라고 해요. 사람들이 번개를 무서워하는 건 바로 벼락 때문이에요. 엄청난 에너지 덩어리인 벼락은 땅으로 떨어지면서 굵은 나무를 토막 내기도 하고, 집이나 건물을 부서뜨리기도 하지요. 자칫하여 사람에게 떨어지기라도 하면 생명이 위험할 수도 있어요.

"와, 그런 번개를 잡으려고 했다니. 프랭클린이란 과학자는 정말 대단한 사람이네요."

얘기를 듣던 들이가 중얼거렸어요.

"그래, 우리가 프랭클린을 위대한 과학자라고 일컫는 건 바로 목숨을 걸고서라도 호기심을 풀어내려던 마음가짐 때문이지."

"나 같았으면 벼락이 무서워서 한 발자국도 못 나갔을 거야."

날이가 번쩍이는 하늘을 바라보며 말했어요.

"안심하렴, 프랭클린의 노력 덕택에 우린 벼락으로부터 안전할 수 있으니까."

벼락은 구름에서 만들어진 전기의 약 40퍼센트가 몰려 있기 때문에 어마어마하게 세고, 무서운 존재지요. 하지만 프랭클린이 발명한 피뢰침 덕분에 사람들은 벼락으로부터 안전할 수 있게 됐답니다.

프랭클린은 전기를 끌어당기기 위해 커다란 구리 침을 만들었어

요. 그리곤 번개가 치는 곳에다 떡하니 세워 뒀지요. 그런데 이것이 의외의 효과를 발휘했지 뭐예요. 피뢰침을 통해 번개의 전류가 땅 속으로 안전하게 흘러들어 가게 된 거예요.

"와, 번개가 칠 땐 뾰족한 침만 있으면 안심이겠네요? 번개가 칠 땐 뾰족한 물건을 들고 있어야겠어요."

들이의 말에 아빠가 고개를 가로저었어요.

"큰일 날 소리! 번개가 칠 땐 골프채나 낚싯대 같은 것조차 들고 있으면 안 돼. 번개를 끌어당겨서 큰일이 날 수도 있다고."

"그럼 번개가 칠 땐 어떻게 해야 해요?"

아빠는 일단 몸을 낮추고 낮은 곳으로 피해야 한다고 했어요. 들판에서 번개를 만난다면 나무처럼 뾰족한 곳 근처로 피해서는 안

된다고 말씀하셨지요. 너른 들판에 선 나무는 뾰족한 침 역할을 해서 번개를 끌어당기기 쉽기 때문이지요.

인물로 깊이 보기

프랭클린의 번개 실험

머리카락에다 종이를 문질러 봐요. 그러면 종이를 따라 머리카락이 쭈뼛 서는 걸 볼 수 있지요. 머리카락과 종이 사이에 마찰로 인해 정전기가 생긴 거예요. 프랭클린은 하늘의 번개도 구름과 구름 사이에서 생기는 정전기 같은 것일 거라고 생각했어요.

'저건 아주 센 정전기일 거야. 저걸 모을 방법이 없을까?'

프랭클린은 번개를 모아서 관찰해 보고 싶었어요. 하지만 번개를 모을 수 있는 방법이 없었지요. 번개는 눈 깜짝할 사이에 하늘에서 땅으로 번쩍하고 내리쳤으니까요. 고민하던 프랭클린은 번개가 땅으로 내려올 때까지 기다리지 말고, 아예 하늘에서 직접 모아야겠다고 생각했어요.

'그래, 연을 띄우는 거야!'

프랭클린은 전나무로 얼개를 짜 만든 연에 긴 철사를 매달고, 전기가 통하지 않는 삼베 줄로 연줄을 만들었어요. 그리고 연에다가 전기를 모으는 기계인 라이덴 병을 달았지요.

비가 쏟아지는 날, 프랭클린은 바깥으로 나갔어요. 바람이 마구 불어왔지요. 프랭클린은 연을 띄워 보냈어요. 그러자 '우르르 쾅' 하고 번개가 내리쳤어요. 순간 번개가 연을 향해 떨어졌지요.

연은 타거나 부서지지 않고 대신, 전기가 라이

덴병 안으로 흘러들어갔어요. 라이덴병은 유리병 안 팎에다가 얇은 주석 판을 붙이고 금속 막대를 안쪽에다 연결시켜 만든 병이에요. 금속 막대에 전기를 보내면, 전기가 주석 판에 모이지요. 이것은 아주 원시적인 축전지라고 할 수 있어요.

번개는 서로 다른 전하가 방전을 일으키는 현상이랍니다. 번개는 눈으로 보기엔 땅으로 내려치는 것 같지만, 사실은 0.01초 사이에 구름과 땅을 몇 번이나 왕복하는 것이에요. 그 움직임이 너무 빨라서 우리 눈에 보이지 않는 것이지요.

라이덴병에다가 전기를 모아 본 프랭클린은 전기를 땅으로 끌어내릴 방법이 없을지 고민했어요.

프랭클린은 번개를 땅으로 끌어내릴 도구로 피뢰침을 만들었어요. 피뢰침은 번개가 지나가는 길을 만들어 주는 역할을 했어요. 피뢰침이 서 있으면 무려 1.5배 거리에 있는 번개를 끌어들여 땅으로 보낼 수 있지요. 사람들은 프랭클린이 발명한 피뢰침 덕분에 번개가 칠 때도 안전하게 다닐 수 있었답니다.

도깨비불, 전구

"콰광!"
"찌-직!"
번개가 내리치는데 갑자기 전구에서 가느다란 소리가 났어요.
"아빠, 혹시 번개가 우리 집에 떨어진 걸까요?"
들이가 달달 떨며 소리쳤어요.
"아냐, 놀랄 거 없어. 전기가 나간다면 모를까. 번개가 칠 때 피뢰침이 있는 집은 안전하단다."
아빠는 걱정 말라고 하셨지만 들이는 금방이라도 불이 나갈 것 같아 전구를 올려다보았어요.
"전기가 없었으면 큰일날 뻔 했어요. 밤에도 불을 못 밝혔을 거

아니에요."

"맞아, 난 깜깜한 게 제일 무서워."

들이의 말에 날이도 맞장구를 쳤어요.

"사람들은 전기를 발명하고도 한참 동안 전기로 불을 밝힐 생각은 하지 못했단다. 우리가 전기로 불을 밝히는 전구를 쓸 수 있게 된 건 불과 백여 년 남짓 된 일이야. 처음 전구가 만들어졌을 때만 해도 사람들은 '도깨비불'이라며 무서워했단다."

"예? 전기에 대한 연구는 훨씬 오래전부터 계속되었다면서요."

"하지만 전하, 전자, 도체 같은 것들은 이론적인 용어에 불과했지, 그것을 생활에 적용하려고 하지는 않았단다. 하지만 에디슨은

그걸 이용해서 실제 생활에 쓰이는 도구를 발명해 냈지. 에디슨을 발명의 아버지라고 부르는 건 바로 그 때문이야."

전구를 처음 만든 사람은 에디슨이에요. 에디슨의 발명품이 세상에 나오기까지는 수많은 사람들의 노력이 있었지요. 기원전 600년경 그리스의 탈레스가 최초의 전기 현상인 정전기를 발견하여 연구했고, 16세기 말에는 길버트가 마찰 전기에 대해 연구했어요. 또 프랑스의 물리학자 뒤페가 양전하와 음전하의 종류를 밝혀냈고, 뒤이어 수많은 과학자들이 전기를 모아 두는 전지를 개발해 냈지요. 또 패러데이와 맥스웰 등 많은 과학자들의 연구 끝에 전기에 관한 법칙을 만들어 냈어요. 에디슨은 이러한 법칙과 결과를 바탕으로 백열전구를 만든 거예요. 하지만 에디슨이 전구를 만들 때까지만 하더라도 '전기가 무엇이다'라고 정확히 말할 수는 없었다고 해요.

에디슨이 백열전구를 만든지 20년쯤 지난 후에 영국의 물리학자 톰슨이 전기는 아주 미세한 입자로, 그 입자가 빛을 만들기도 하고 열을 내게도 만든다는 걸 알아냈지요.

"에디슨이란 사람은 참 대단한 것 같아요. 전구를 대체 어떻게 만들었을까?"

"에디슨이 전구를 만들 때 세운 이론만 해도 삼천 가지가 넘는다잖아. 그 이론들을 다 실험하기 위해서 에디슨은 몇만 번의 실험을 했었대."

"와! 나 같으면 한두 번 해 보고 포기했을 텐데."

"그래서 이런 유명한 말이 생겼잖니. '실패는 성공의 어머니'라는."

들이는 어둠을 밝혀 주느라 뜨겁게 열을 내고 있는 전구가 고맙게 느껴졌어요. 들이가 전구에 손을 대려는 순간, 아빠가 들이를 말렸어요.

"안 돼! 오랫동안 켜져 있던 전구는 달아올라서 뜨겁단다. 자칫 잘못하면 손을 델 수도 있어. 전구를 함부로 만져선 안 돼."

얼렁뚱땅 실험실!

연필심으로도 빛을 낼 수 있어요

에디슨이 만든 전구는 대나무를 태운 숯을 필라멘트로 사용했지요. 대나무 숯은 탄소 막대기랍니다. 다시 말해 연필심과 비슷한 성분이라고 할 수 있어요. 에디슨처럼 연필심을 필라멘트로 써서 빛을 내 볼까요?

연필심의 재료는 흑연이에요. 흑연은 순수한 탄소로 이루어져서 전류가 잘 흐르지요. 연필심 양쪽에다가 전선과 연결된 집게를 꽂고, 건전지를 이용해 전류를 흘려 주면 연필심이 빨개지면서 밝은 빛을 낼 거예요. 연필심 속의 탄소가 공기 중의 산소와 만나서 이산화탄소로 변하며 밝게 빛을 내는 거예요. 이러한 빛은 오래가지 못하고 금방 끊어져 버리지만, 이것을 잘 가공하면 필라멘트의 재료가 될 수 있답니다.

연필심이 빛을 내다가 금방 끊어져 버리는 것은 연필심이 공기 중에서 산화되었기 때문이에요. 에디슨은 그래서 전구 속의 산소를 빼내어 진공 상태로 만들었지요. 하지만 진공 상태의 전구는 깨지기 쉬워서 최근에는 주로 질소와 아르곤 가스를 넣어 전구를 만든답니다.

인물로 깊이 보기

백열전구를 발명한 에디슨

컴컴한 밤을 낮처럼 환히 밝혀 주는 전구는 누가 처음 만들었을까요? 미국의 발명가 토머스 에디슨이 최초로 전구를 발명한 것으로 알려져 있어요.

아직 전구가 발명되지 않았을 때, 많은 과학자들이 전기로 빛을 낼 수 있는 방법은 없을지 고민했어요. 그 중 영국의 화학자 험프리 데이비라는 사람은 어느 날 탄소에 전류를 흘리면 빛이 난다는 것을 발견했지요. 그는 이것을 이용해 전등을 만들었어요. 데이비는 2,000개의 전지와 자신의 전등으로 파리의 콩코드 광장을 환히 밝혔답니다. 하지만 이 전등은 빛이 너무나 강렬하고 또 전등 속의 탄소 막대들이 열 때문에 잘 타 버려서 오래가지 못했어요. 밖에서는 쓸 수 있었지만 실내에서 사용하기엔 어려움이 있었지요.

토머스 에디슨은 1878년부터 백열전구를 연구하기 시작했어요. 처음에 그가 전구의 필라멘트로 사용한 것은 종이였는데 10여 분 정도밖에 빛이 안 났다고 해요. 유리 구 안을 완벽한 진공 상태로 만들 수가 없었기 때문이지요. 금속으로 필라멘트를 만들어 보기도 했지만 그것도 쉽지가 않았어요. 약 770번의 실험이 실패한 끝에 드디어 1879년, 에디슨은 무명실을 태워 만든 필라멘트로 전구의 불을 밝히는 데 성공했어요. 이 전구는 약 40시간 동안 지속되었어요. 이후 그는 조수들과 함께 6,000가지의 다른 소재를 시험해 본 끝에 대나무를 필라멘트로 쓰면 전구가 1,000시간 정도 지속한다는 사실을 알아냈지요. 그 후 약 10년 동안, 이 대나무가 백열전구의 필라멘트로 사용되었다고 해요.

1910년 무렵, 미국의 쿨리지라는 과학자가 에디슨의 전구가 가진 문제점을 보완하기 위해 텅스텐으로 필라멘트를 만들었어요. 이 전구가 오늘날 우리가 쓰고 있는 전구예요.

에디슨이 실험을 포기했다면 오늘날의 우리가 쓰는 전구도 만들어지지 못했을 거예요. 그의 노력과 열정이 세계에 빛을 가져왔다는 사실엔 틀림이 없지요.

자석을 이용한 정보 기록 장치

들이네 식구들은 오랜만에 외식을 했어요. 들이와 날이는 맛있는 것을 잔뜩 먹었답니다.
"이만사천 원입니다."
주인아저씨의 말에 아빠는 신용카드를 내밀었어요.
그런데 신용카드가 인식이 되지 않는 거예요.
"어, 이상하다."
주인아저씨가 몇 번이나 카드를 다시 긁어 보았지만 인식이 되지 않았지요. 아빠는 고개를 갸웃거렸어요.
"아빠, 왜 그러세요?"
"글쎄, 카드 뒷면의 자기 테이프에 이상이 생긴 것 같구나."

"자기 테이프가 뭔데요?"

들이는 아빠의 카드를 빤히 들여다보았어요. 플라스틱으로 만든 카드 뒷면에는 두꺼운 검은 줄 하나가 있었지요.

"이 줄이 바로 자기력을 이용한 기록장치지. 이 속에 아빠의 카드 정보가 담겨 있단다."

"와! 이 검은 테이프 속에 그런 게 쓰여 있단 말이에요?"

1898년 덴마크의 블라미디르 파울센은 자석의 성질을 띠는 구리선으로 모스 부호*를 기록하는 장

모스 부호: 점과 선을 배합하여 문자·기호를 나타내는 전신 부호. 미국의 발명가 모스가 고안한 것.

 5장 생활 속의 전자기 이용 95

치를 만들었어요. 특정한 기계에다 정보가 들어간 구리선을 갖다 대면 모스 부호가 읽히도록 한 거예요.

그 후 자석을 이용한 정보 기록 장치의 기술은 나날이 발전하였답니다. 오늘날 우리가 사용하는 물건 가운데 많은 것들이 자기력을 이용한 것이에요. 사람들이 매일 이용하는 지하철의 승차권, 은행의 통장, 신용카드도 자기력을 이용해 정보를 기록하는 것이랍니다.

"이 까만 테이프 안에 어떻게 정보가 들어갈 수 있어요?"

"자석을 움직이면 전류가 생긴단다. 전류가 생기면 주변에 자기장이 형성이 되지. 그런데 이때 전류의 방향을 바꾸어 주면 자기장에 변화가 생기게 돼. 이 변화를 이용해서 정보를 기록하는 거지."

자기 테이프는 자기를 띠기 쉬운 물질을 이용해 만들어요. 그래서 자기 테이프의 재료로 주로 산화철이 이용되지요. 자기 테이프에다가 전기 신호를 주면 자기장이 발생하게 되고, 테이프 위에 전기 신호를 받은 자국이 생기게 돼요. 거기다가 다시 전기를 주면 다시 전류를 받은 자기 테이프가 기록된 내용을 전달하게 되는 것이지요.

"카드를 기계에다 쭈욱 긁어

▲ 데이터 저장 원리

주는 것, 지하철 승차권을 인식기에다가 올려 놓는 것은 모두 전기 자극을 주기 위해서야."

"아하, 전 그냥 카드를 받았단 표시로 긁어 주는 건 줄 알았어요."

"하하, 정보를 읽는 거란다."

그밖에 녹음을 할 때 쓰는 테이프라든지, 비디오 녹화 때 쓰이는 테이프도 자기 테이프의 일종이지요. 또 컴퓨터의 하드 디스크 역시 같은 방법으로 데이터를 저장하고 읽는 장치예요.

컴퓨터의 하드 디스크에는 플래터라는 알루미늄 합금과 자기력을 띠는 물질로 코팅이 되어 있는 공간이 있어요. 컴퓨터 하드 디스크에 데이터를 저장할 때는 탄소 막대에 감긴 코일에 전기가 흐르면서 자력이 생기게 되고, 그 자력을 이용해서 플래터에 데이터를 기록하게 되지요. 데이터를 읽을 때도 마찬가지로 전기 자극을 주어 플래터에 기록된 내용을 읽는 것이랍니다.

"힉, 지금 뭐하는 거야?"

설명을 하던 아빠가 깜짝 놀라 소리쳤어요.

글쎄, 들이가 아빠의 신용카드에다가 철 가루를 뿌렸지 뭐예요.

"이것도 일종의 자석이라고 말씀하셔서……."

들이는 철 가루가 달라붙는지 궁금했다고 말했어요.

아빠는 아까운 표정을 지어 보이다가 곧 장난스러운 미소를 지었어요.

"기왕 이렇게 된 거 재미난 걸 하나 보여 주마."

아빠는 철 가루가 뿌려진 신용카드 위에다가 조심스럽게 셀로판테이프를 갖다 붙였어요. 잠시 후 살짝 떼어 냈더니 철 가루가 바코드 모양으로 늘어서 있는 모습이 보였지요.

"와, 신기해요."

"검은 자기 테이프 안에는 바로 이런 정보들이 숨어 있지. 자기 테이프 속에 있는 정보들이 자극을 받으면 모양이 변하게 되고, 그 변한 모양 속에 들어 있는 암호 같은 정보를 이용해서 지하철을 언제 탔는지, 카드 속의 통장 번호가 뭔지 등 여러 가지 정보를 알아내는 거야."

아빠는 자기 테이프 속의 정보는 우리가 읽을 수 없는 것이기 때

문에 기계의 도움을 받아 읽어야 한다고 말씀하셨어요.

그런데 이 장치들은 단점이 하나 있어요. 충격에도 약할 뿐만 아니라, 자석에 의해 쉽게 손상된다는 거예요. 신용카드를 자석 근처에 두면 저장된 정보가 뒤죽박죽 엉망이 되어 버리기 십상이지요. 자석의 영향으로 정해진 방향으로 늘어서 있던 자석 가루들이 제멋대로 흩어져 버리기 때문이에요.

"그래서 요즘은 자기 테이프를 이용한 카드나 장치 대신 작은 칩을 넣은 IC 카드를 많이 사용한단다."

"아, 저도 오래된 자기 테이프 카드 대신 IC 카드를 이용하자는 캠페인을 본 적이 있어요. 은행에 갔더니 그런 캠페인을 하더라고요."

"그래, 카드의 자기 테이프가 손상되면 큰 불편이 생기니까 그런 거지."

아빠는 망가진 카드를 바라보며 인상을 찌푸렸어요.

전기나 자석이 사용되는 여러 가지 물건

"아유, 차라리 전기나 자석을 이용하지 않는 물건을 찾는 게 더 빠르겠다."
들이가 중얼거렸어요.
그 모습을 본 날이가 고개를 빠끔 내밀고 물었지요.
"오빠, 뭐 하는 거야?"
"전기나 자석을 이용한 물건에는 어떤 게 있는지 찾아보는 중이야."

"전기를 쓰는 물건에는 세탁기, 텔레비전, 컴퓨터, 전자시계, 선풍기, 난로, 전기밥솥, 전자레인지, 냉장고, 오븐, 라디오 또…… 형광등!"

"자석을 이용한 물건엔 뭐가 있지? 나침반, 비디오테이프, 신용카드, 또……."

생각해보니 우리 생활에서 사용되는 물건들 가운데 전기나 자석을 이용하지 않는 것은 거의 없어요.

자석을 이용한 물건 가운데 가장 대표적인 물건은 나침반일 거예요. 약 2,400년 전 중국에서 처음 발명된 나침반은 방향을 알려주는 유용한 도구였지요. 그런데 나침반의 바늘이 자기장 때문에 움직인다는 사실은 16세기 무렵에 밝혀졌어요.

"그리고 또……."

들이가 생각하고 있는데 아빠가 불쑥 말씀하셨어요.

"자기 부상 열차."

"열차도 전기나 자석을 이

▲ 자기 부상 열차

용해서 만들어요?"

"그럼, 자기 부상 열차는 자석의 성질을 이용해 붕 떠다니는 열차거든."

1993년 8월에 개최된 대전 엑스포에서는 아주 신기한 열차가 선보였어요. 바로 레일 위를 10~20cm 붕 떠다니는 자기 부상 열차였지요. 자기 부상 열차는 자석의 같은 극끼리 밀어내는 성질을 이용해 공중으로 떠오르고, 서로 다른 극끼리 잡아당기는 성질을 이용해 앞으로 나아가지요.

자기 부상 열차는 기차의 몸통이 철로와 마찰을 하지 않기 때문에 마찰력이 줄어들어 훨씬 빠른 속도로 달릴 수가 있어요. 게다가 소음도 적고 진동도 훨씬 줄어들게 되지요. 하지만 수백 톤이 넘는 열차를 띄우려면 아주 센 자석이 필요해요. 자연 속에 있는 자석으로는 이렇게 센 힘을 얻을 수가 없지요.

그래서 이용하는 게 '초전도'예요. 초전도란 전기를 통하는 능력이 엄청나게 큰 물질이란 뜻이에요. 전도성*이 높은 금속 물체에다가 전류를 흐르게 해서 인위적으로 센 자석을 만들게 되면, 그것이 바로 초전도가 되지요.

자기 부상 열차는 초전도 자석을 이용한 것으로 속도가 빠를 뿐만 아니라, 마찰열이 없기 때문에 철로가 손상되거나 녹슬지 않는다는 장점이 있어요.

하지만 이 자석을 만들려면 영하 140도 이하의 매우 낮은 온도가 필요해요. 그래서 아직 널리 상용화되지는 못했지만 우리나라의 과학자들은 이 자석을 실생활에 이용할 방법을 찾아 노력하고 있지요. 아마 머지않은 미래에서는 초전도 자석을 이용한 생활 가전 제품들이 나오게 될 거예요.

"그리고 또 뭐가 있을까. 그래, 자이로드롭도 있구나!"

"자이로드롭은 놀이공원의 놀이 기구잖아요."

"자이로드롭에도 자석의 원리가 숨어 있지."

자이로드롭은 자유 낙하 운동의 원리를 이용한 거예요. 모든 물체는 떨어질 때 지구 중심 방향으로

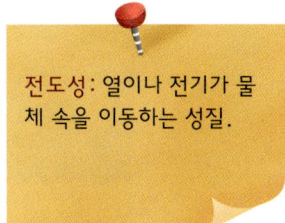

전도성: 열이나 전기가 물체 속을 이동하는 성질.

▲ 자이로드롭

일정한 속도를 갖고 떨어지게 되지요. 자이로드롭이 아래로 떨어지는 순간이 되면, 의자에 붙어 있던 자석이 전기 에너지를 받아 작동하게 돼요. 그러면 바닥에 있는 자석과의 척력(밀어내는 힘) 때문에 순간적으로 땅에서 떨어지는 것을 멈추게 된답니다.

"자석이 쓰이는 의외의 곳이 또 하나 있어."

아빠는 놀랍게도 생물의 몸속에도 자석이 들어 있다고 말씀하셨어요. 생물의 몸속에 들어 있는 자석으로 이루어진 기관을 '생체 자기'라고 해요.

"비둘기의 머릿속에도 생체 자기가 있지."

"와, 몸속에 있는 자석은 어떻게 쓰는 거예요?"

"비둘기가 아주 먼 곳까지 날아갔다가도 집을 찾아오는 건 머릿속에 들어 있는 작은 자석 때문이야. 비둘기는 머릿속의 자석을 이용해서 지구의 자기장 방향을 알아내고, 그 정보를 이용해 자신이 원래 있었던 곳의 위치를 찾아낸단다."

"뭐야, 비둘기가 집을 잘 찾는 건 똑똑해서 그런 게 아니었잖아."

들이는 실망스러운 듯 말했어요.

그 모습을 본 날이가 키득거렸지요.

"오빠 머릿속에도 자석을 하나 넣어 두면 좋겠어."

"왜?"

"오빤 길을 잘 잃어버리잖아."

날이의 말에 모두 웃음을 터트렸어요.

비둘기의 몸속에만 자석이 들어 있는 게 아니에요. 미생물인 박

테리아의 몸속에도 미세하게 작은 자석이 들어 있지요.

비둘기뿐만이 아니라, 모든 생물의 몸속에는 자석이 들어 있는 셈이에요. 세상의 모든 물질은 원자로 구성되어 있는데, 원자 속에는 반드시 전자가 들어 있기 때문이지요. 사람의 몸속에도 전자가 들어 있어요.

그런데 사람의 몸이 서로 달라붙거나, 밀어내는 성질을 띠지 않는 건 몸속에 들어 있는 전자의 방향이 뒤죽박죽이기 때문이에요. 쇠나 철처럼 하나의 원자로 이루어져 있는 물질들은 전자의 방향이

일정하기 때문에 자극을 주면 자성을 띄게 되지만, 사람의 몸 같은 경우에는 아주 다양한 종류의 원자들이 서로 엉켜 있어요. 그래서 자석의 힘을 발휘하지 못하는 것이랍니다.

얼렁뚱땅 실험실!

간이 전동기를 만들어 볼까요?

선풍기나 세탁기의 가장 중요한 부품은 바로 모터, 다른 말로 전동기라고 해요. 전기 에너지를 기계 에너지로 바꾸는 장치지요. 에나멜선과 자석만 있으면 간단한 전동기를 만들어 볼 수 있어요. 간이 전동기를 만드려면, 우선 굵은 에나멜선과 자석, 건전지, 전지 끼우개, 집게 전선, 전구, 소켓, 클립 등을 준비해야 해요.

먼저 에나멜선을 둥그렇게 여러 번 감아 줍니다. 에나멜선의 양 끝을 5cm 가량 남겨 두는데, 이때 에나멜을 한쪽 끝은 완전히 벗겨 주고, 다른 한 쪽은 반만 벗기는 것이 중요해요. 클립을 구부려 받침대를 만들고 받침대 사이에 자석을 놓고 둥근 에나멜선을 받침대에 올려놓지요. 클립과 전지를 연결해 주면 에나멜선이 회전을 하게 됩니다. 자석과 전자석이 같은 극일 때 반발하여 서로 밀어내는 힘을 이용한 것이에요.

에나멜선의 한 쪽을 반만 벗기는 이유는 무엇일까요? 둥근 에나멜선이 반 바퀴 회전하면 전류의 방향이 바뀌어 반 바퀴 돌고 난 이후에는 전류가 흐르지 않아요. 그러나 관성의 법칙에 따라 반 바퀴 돈 에나멜선은 계속 같은 방향으로 회전해 완전히 한 바퀴를 돌고, 다시 에나멜 벗겨진 부분이 클립에 닿으면 전류가 흘러 반 바퀴 도는 것을 반복하면서 계속 돌게 되는 것이지요. 만약 에나멜을 모두 벗기면 원형 코일이 반 바퀴 회전할 때마다 전류의 방향이 바뀌면서 힘을 받는 방향도 반대가 되기 때문에 돌지 않고 멈추게 돼요.

둥근 에나멜선을 반대로 돌게 하고 싶다면 어떻게 하면 될까요? 전지의 극을 바꿔 주면 반대 방향으로 돌게 되지요.

▲ 에나멜선으로 하는 전동기 실험

인물로 깊이보기

원자에 대한 생각, 데모크리토스와 돌턴

▲ 데모크리토스

N극과 S극을 가지고 있는 물질을 우리는 자석이라고 하지요. 길이가 2~3마이크로미터도 안 되는 작은 박테리아 속에도 자석이 있어요. 1 마이크로미터는 1000의 1 밀리리터랍니다. 이 작은 박테리아의 몸속에 든 자석의 크기는 얼마나 작을지 짐작이 되나요? 그런데 이것보다 더 작은 자석이 있답니다. 바로 원자예요.

기원전 460년경 살았던 그리스의 자연 철학자인 데모크리토스는 물질이 무엇으로 이루어져 있을까, 고민했어요. 데모크리토스는 물체를 쪼개고, 또 쪼개다 보면 더 이상 쪼갤 수 없을 정도로 작은 알갱이가 나타날 것이라고 생각했지요. 물론 증거를 댈 수는 없었지만 상상 속에서 더 이상 쪼갤 수 없는 작은 알갱이를 떠올린 것이지요. 데모크리토스는 이 더 이상 쪼갤 수조차 없는 작은 알갱이 상태를 '원자'라고 이름 붙였어요.

이후 돌턴이라는 사람이 원자론을 발전시켜 주장하였어요. 모든 물질이 더 이상 쪼개지지 않는 '원자'로 이루어져 있다고 주장한 것은 데모크리토스와 비슷해요. 돌턴은 여기에서 나아가 같은 원자는 질량과 크기가 같고, 다른 원자는 질량과 크기가 다를 것이라고 주장했지요. 또 서로 다른 원자가 결합해 화합물을 만든다고 생각했어요.

과학이 더 발전하면서 원자는 더 이상 쪼갤 수 없는 것이 아니라 그 안에 전자, 중성자, 양성자 등 다른 것들이 모여 만들어진 것임이 밝혀졌지요. 또 같은 원자끼리도 질량이 다른 경우도 있다는 것이 나타났어요.

원자 하나하나도 N극과 S극이 있지요. 그러니까 원자 하나하나는 자석이나 마찬가지예요. 하지만 원자를 지닌 물질들이라고 모두 자력을 띠는 것은 아니에요.

대표적인 예가 바로 사람의 몸이지요. 자석인 원자가 자력을 띠지 않는 것은 원자 속에 들어 있는 전자라는 알갱이가 서로 일정하지 않은 방향을 띠고 있기 때문이에요. 만약 전자가 일정한 방향을 갖게 되면 원자도 자력을 갖게 되지요.

▲ 돌턴

발전의 원리

자석을 이용해 만드는 전기

갑자기 전기가 끊어진다면 어떻게 될까요?

텔레비전도 멈추고, 컴퓨터도 작동되지 않을 거예요. 형광등도 켤 수가 없겠지요. 밤엔 너무 깜깜해서 아무것도 못할 거예요. 낮엔 더워도 선풍기를 틀 수 없을 거고, 냉장고가 작동하지 않을 테니 음식이 쉽게 상해 버리겠지요. 전기가 없는 생활은 상상만 해도 불편하지 않나요?

혹시 전기가 사라진다면 어떻게 될까 하고 생각하던 들이는 갑자기 궁금한 게 생겼어요. 바로 전기를 이용할 수 있게 만든 사람이 누굴까 하는 것이었지요.

"아빠, 전기는 자연 속 어디에나 있는 거라고 말씀하셨잖아요.

그런 전기를 한데 모아서 쓸 수 있다는 건 과연 누가 생각해 낸 걸까요?"

"전기를 연구한 과학자는 수도 없이 많단다."

그 가운데 자석들을 이용해 전기를 만드는 방법을 밝혀낸 학자는 패러데이라고 해요. 패러데이는 전기를 원하는 만큼 많이 만들어 낼 수 없을까 하고 고민했어요. 그러다가 우연히 둘둘 감겨 있는 코일에 자석을 넣고 움직였더니, 코일에 전류가 흐르지 뭐예요.

▲ 패러데이

패러데이는 둘둘 감은 코일에다가 자석을 넣었다 뺐다, 회전시키면서 전류를 만들어 보았어요. 이 원리를 바탕으로 훗날 과학자들은 전기를 만드는 '발전기'를 만들 수 있게 됐고, 덕분에 전기를 이용한 여러 가지 제품들을 개발할 수 있게 됐어요. 하지만 이때만 해도 땅에서 구할 수 있는 자석의 크기가 한정되어 있었기 때문에 작은 발전기밖에 만들 수가 없었지요. 발전기가 작으니 만들 수 있는 전류의 양도 무척 작

6장 발전의 원리 115

았답니다.

　오늘날 공장에서 쓰는 것처럼 큰 발전기를 처음 만든 사람은 독일의 과학자 에른스트 베르너 폰 지멘스였어요. 베르너는 천연 자석 대신에 전자석을 이용하면 어떨까라는 생각을 했어요. 그래서 연구를 거듭하다가 자성을 지닌 물체에 전기 자극을 주어 더 큰 자석을 만들어 냈지요. 그러고는 그 자석을 이용해 더 많은 전기를 만들어 냈어요. 그 후 여러 과학자들이 베르너의 뒤를 이어 커다란 발전기를 만들어 내기 시작했어요.

　오늘날의 발전소를 만든 건 에디슨이에요. 에디슨은 전구를 발명했지만, 전기를 마음대로 구해 올 수가 없었기 때문에 판매를 하기가 힘들었어요. 고민하던 에디슨은 자기가 발명한 전구를 쓸 수 있는 새로운 발전 시설을 만들기로 했지요. 그래서 에디슨은 뉴욕에다가 어마어마하게 큰 규모의 화력 발전소를 만들었답니다.

　그 후 큰 발전소들이 하나, 둘 생겨나게 됐고 사람들은 언제든 편리하게 전기를 쓸 수 있게 되었지요.

▼ 수력 발전소

▲ 원자력 발전소

발전소에서 전기를 만들 때도 발전기의 원리를 이용해요. 화력 발전소에서 전기를 만들 때는 석탄을 태워 보일러에 물을 데우지요. 그러면 물이 끓으면서 많은 양의 수증기가 나오게 돼요.

이 수증기들은 모두 터빈이라는 부채 모양처럼 생긴 기계 속으로 들어가게 돼요. 그러면 터빈 속의 날개들이 회전을 하게 되고 그 에너지가 거대한 발전기 속에 들어 있는 거대한 자석을 돌리게 되어 전기가 생기는 거예요.

수력 발전, 화력 발전, 풍력 발전 등 전기를 일으키는 자원의 종류는 달라도 터빈을 이용해 전기를 만드는 원리는 모두 같답니다.

터빈을 움직이게 만드는 발전소의 종류에 대해 좀 더 자세히 알아 볼까요?

전기를 만드는 여러 가지 발전소

우리가 쓰는 전기의 대부분은 석탄, 석유, 우라늄*등 에너지 자원을 가공해서 만드는 거예요. 우리나라처럼 자원의 90% 이상을 수입하고 있는 나라에서는 전기를 만드는 데 엄청난 돈이 필요하지요. 또 발전소는 한정되어 있기 때문에 전기를 만드는 양도 정해져 있어요.

"여름철이 되면 전력난이 예상된다는 얘길 많이 하지. 그건 전기 에너지를 만드는 발전소는 한정되어 있는데, 우리가 쓰는 전기의 양이 갑자기 늘어나게 되면 전기 에너지가 부족해지기 때문에 그런 거야."

"그런 거라면 발전소를 더 지으면 해결되는 문제

> 우라늄: 천연으로 존재하는 가장 무거운 방사성 원소. 은백색을 띠며 핵원료로 사용된다.

잖아요."

"물론 그렇지. 하지만 발전소를 더 짓는 것은 쉬운 문제가 아니란다."

우리나라에서 전기를 만드는 발전소는 원자력 발전소가 대부분이에요. 원자력은 화석 연료보다 훨씬 강한 에너지지요. 원자력 에너지의 원료가 되는 우라늄 1킬로그램은 석탄 에너지 300만 톤에 맞먹는 에너지를 내요. 원자력 발전소에서는 우라늄 덩어리를 작은 원자로 쪼갤 때 나오는 에너지를 이용해 전기를 만들지요.

우라늄을 이용한 원자력 에너지는 석유나 석탄처럼 매연을 일으키지도 않고, 환경을 오염시키거나 산성비를 내리게 하는 물질도 만들지 않아요.

"와, 원자력은 정말 좋은 에너지네요?"

"꼭 그렇지만은 않단다. 원자력 에너지는 편리하지만 무시무시한 면을 갖고 있거든."

원자력 에너지의 문제는 우라늄을 쪼갤 때 생기는 '방사능'이라는 전파 때문이에요. 방사능 물질은 적은 양으로도 사람을 죽이고, 생태계를 파괴시킬 수 있어요.

방사능의 영향을 심하게 받으면 유전자가 변형되거나 암이 생기고, 피부병이나 백혈병처럼 심각한 병에 걸리게 돼요. 그래서 원자력 발전소에서는 원자력 발전을 하고 남은 찌꺼기를 안전하게 처리하려고 애쓰고 있어요.

이 찌꺼기를 '핵폐기물'이라고 하는데, 한번 만들어진 핵폐기물은 수십만 년이 지나야 안전해져요. 그래서 우라늄을 이용한 에너지를 많이 쓰게 되면 훗날 핵폐기물 때문에 큰 골치를 앓게 될 거랍니다. 그래서 한꺼번에 많은 발전소를 지을 수가 없어요.

우리나라의 발전소 가운데 원자력 발전소 다음으로 많은 것은 화력 발전소예요. 화력 발전소에서는 석유나 석탄, 천연가스*같은 원료를 이용해 에너지를 만들어요. 화석 원료는 수억 년 전 지구에 살았던 동식물의 시체가 땅속에 묻혀 분해되고, 오랜 세월 동안 열과 압력을 받아 만들어진 것이에요. 사람들은 지금까지 땅속에 묻혀 있는 에너지들을 야금야금 꺼내 써 왔지요.

"아빠, 석유나 석탄으로 어떻게 전기를 만들어요?"

천연가스: 유전 지역이나 탄광 지역 등에서 천연으로 나오는 가스.

들이는 전부터 궁금했던 걸 물어보았어요.

"연료만 갖고는 전기를 만들 수 없지. 그래서 화력 발전소에서는 화력 에너지를 이용해서 물을 끓인단다. 그때 나오는 수증기를 이용해 전기를 만드는 거야."

한번 끓었던 물이 식으려면 오랜 시간이 필요해요. 화력 발전소에서는 이러한 성질을 이용해서 심야 전기를 만들어요. 낮 동안 끓인 물이 식는 동안 생기는 수증기를 이용해 밤에도 전기를 만드는 거예요.

심야 전기는 식어 가는 물에서 올라오는 수증기를 이용해 만들기 때문에 낮에 쓰는 전기보다 싼 편이랍니다.

"심야 전기는 전기 사용이 적은 심야 시간, 그러니까 밤 11시에서 아침 9시까지 사용할 수 있어."

"와, 그럼 이제부터 밤에만 게임을 해야겠어요."

"요 녀석, 심야 전기는 게임하는 데 쓸 수 없어. 한국전력공사에서 심야전력기기로 협약된 제품을 사용할 때만 쓸 수 있단다."

들이는 고개를 끄덕였어요.

또 다른 발전소로는 수력 발전소가 있어요. 물이 높은 곳에서 낮은 곳으로 떨어질 때 생기는 에너지를 이용해 발전기를 돌리는 것이지요.

중요한 건 이러한 발전소들은 꼭 필요하지만 발전소가 만들어지면 어쩔 수 없이 환경이 오염되고, 생태계가 변한다는 거예요. 원자력 발전소가 만들어지면 방사능 유출로 인한 환경 오염을 걱정해야 하고, 화력 발전소는 매연으로 인한 공기 오염을 걱정해야 하지요. 수력 발전소를 이용하려면 댐을 건설해야 해요. 댐은 한꺼번에

많은 양의 물을 가둬 두기 때문에 주변 생태계를 파괴시키고, 이상 현상을 일으켜요. 환경 오염을 일으키는 것은 다른 발전소들도 마찬가지예요.

"휴, 에너지는 정말 어렵게 만들어지는군요."

"전기를 아껴야 한다고 얘기하는 건 비단 전기 요금 때문만이 아니야. 전기를 만들기 위해서는 많은 에너지가 필요하고, 그 에너지를 이용하다 보면 환경이 파괴될 수밖에 없어."

"그러니까 환경을 지키기 위해서라도 전기를 아껴야 하는 거로군요."

들이는 고개를 끄덕이며 말했어요.

자연의 힘으로 만드는 오염 없는 전기

"아빠, 자연을 오염시키지 않고 전기를 만들 순 없나요?"
"물론 그럴 수 있지."
아빠는 태양열을 이용해 전기를 만들 수 있다고 말씀하셨어요.
햇빛을 전기로 바꾸는 방법에는 여러 가지가 있어요. 그 가운데 가장 간단한 방법이 햇빛을 오목 거울로 집중시켜 얻은 열로 수증기를 만들어 그 열기를 이용해 전기를 만드는 것이지요.
또 태양열을 이용해 전지판을 이용하는 방법도 있어요. 전지판에는 전기를 생산하는 작은 반도체가 들어 있어서 태양열만 충분하면 전기를 만들 수 있답니다.
태양 에너지는 바닥날 염려도 없고, 환경 오염을 일으킬 염려도

없는 건강한 에너지예요. 하지만 태양이 비추는 시간은 정해져 있고, 태양의 각도가 시간에 따라 변하기 때문에 오랫동안 많은 열을 모을 수 없다는 단점이 있지요.

게다가 날씨에 따라 태양열의 양이 달라져요. 날씨가 흐리거나 비가 오면 그만큼 태양이 가려지기 때문이에요. 그래서 태양열 에너지는 아직 널리 쓰이지 못하고 있어요.

"전기는 바람을 이용해서도 만들 수 있단다."

"바람이요?"

바람의 세기와 방향을 이용해서도 전기를 만들 수 있어요. 풍력 발전기는 거대한 풍차 모양으로 생겼는데, 풍차의 날개 뒤에 대형 자석이 들어 있지요. 이 자석을 이용해서 전기 에너지를 만드는 거예요. 마치 커다란 바람개비처럼요.

우리나라에는 강원도의 대관령이나 제주도처럼 바람이 많이 부는 곳에 풍력 발전소가 있어요. 풍력을 이용해 전기 에너지를 만드는 방법은 다른 방법들보다 연구가 덜 된 편이에요. 하지만 풍력은 환경을 이용하는 것이기 때문에 환경 오염 문

제도 없고, 큰 비용이 들지 않는다는 장점이 있어요. 하지만 바람이 불 때에만 에너지를 만들 수 있다는 단점이 있지요.

"전기 에너지를 만드는 가장 전통적인 방법은 수력, 화력, 원자력, 풍력, 조력 같은 발전소를 이용하는 거지. 최근에는 미생물로도 전기를 만들 수 있게 되었단다."

"에이, 말도 안 돼. 미생물로 어떻게 전기를 만들어요?"

아빠는 지구상에서 가장 흔한 존재인 살아 있는 생물을 이용하여 전기를 만들 수 있다고 말씀하셨어요. 미생물로 전기를 만드는 방법은 여러 나라에서 계속 연구 중이랍니다.

미생물을 이용한 전기 에너지를 '미생물 연료 전지'라고 해요. 현재까지 연구된 기술로는 미생물 연료 전지로 오랫동안 전기를 쓸 수는 없어요. 하지만 곧 바다 속이나 호수에 사는 미생물을 이용해서 등대나 호숫가의 가로등 불빛을 밝히는 일이 가능해질 거예요.

미생물을 이용한 전기 에너지는 환경을 오염시키지 않는 새로운 에너지원으로 주목받고 있어요.

조력 발전소는 밀물과 썰물의 차이를 이용해 에너지를 얻고, 그 에너지로 전기를 만드는 거예요. 달이 끌어당기는 힘으로 밀물과 썰물의 차이가 생기는 것은 알고 있지요? 밀물이 들어오면 둑으로 막아 두었다가 썰물이 되어 물이 빠져나갈 때 물레방아 물받이 판의 회전 날개를 돌리지요.

그러면 회전 날개에서 전기 에너지가 생기게 돼요. 이 에너지는 자연 환경을 그대로 이용한 것이라는 장점이 있지만, 밀물과 썰물

의 차이가 큰 지역에만 만들 수 있다는 단점이 있어요. 또 커다란 조력 발전소가 세워지면 갯벌이 사라지고 생태계를 파괴시킨다는 점도 잊어서는 안돼요.

우리나라의 서해는 세계적으로 밀물과 썰물의 차이가 큰 곳이기 때문에 조력 발전소가 세워져 있답니다.

그밖에도 파도의 에너지를 이용한 파력 발전소, 나무나 사탕수수, 유채 씨의 기름, 가축의 똥이나 퇴비 같은 생물 자원을 이용해 전기 에너지를 만드는 발전소도 있어요. 하지만 이런 발전소는 기술적인 제약 때문에 아직까지 많이 생기지 않았지요.

▲ 태양열 발전과 풍력 발전

발전소에서 집까지

"아, 더워."
들이는 선풍기를 틀고 싶었어요.

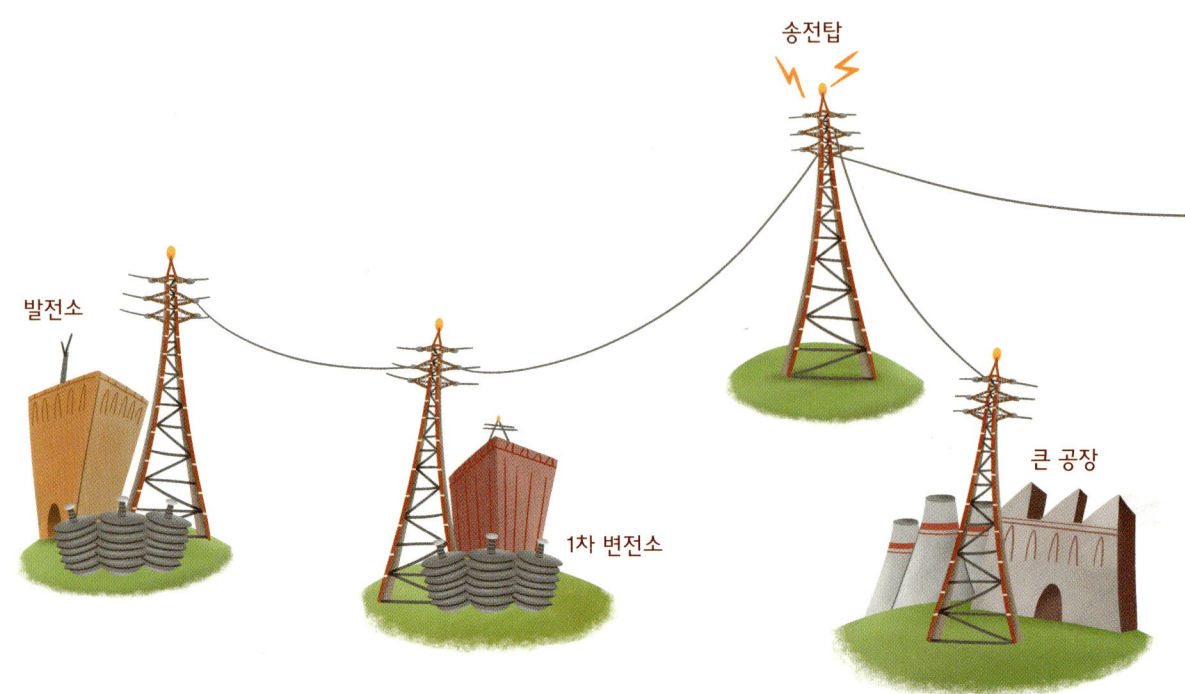

그러려면 먼저 선풍기의 코드를 콘센트에 꽂아야 할 거예요. 들이는 돼지 콧구멍처럼 생긴 동그란 구멍의 콘센트에다가 코드를 꽂았어요. 그러자 선풍기가 돌아가기 시작했지요.

"이야, 시원하다!"

들이는 선풍기 바람을 쐬다가 문득 멀리 떨어진 발전소에서 만들어진 전기가 어떻게 집까지 오는지가 궁금해졌어요.

"아빠, 발전소에서 만들어진 전기는 어떻게 집까지 와요?"

날이도 아빠 곁으로 바짝 붙어 앉았어요.

속으로 궁금했던 모양이에요.

"발전소에서 만들어진 전기를 집에서 바로 쓸 수 있을까?"

아빠의 물음에 들이는 곰곰이 생각을 했어요.

"음……. 쓸 수 있지 않을까요? 어쨌든 같은 전기잖아요."

들이의 대답에 아빠는 고개를 가로저었어요.

아빠는 발전소에서 만들어지는 전기 에너지를 댐에 저장된 물에

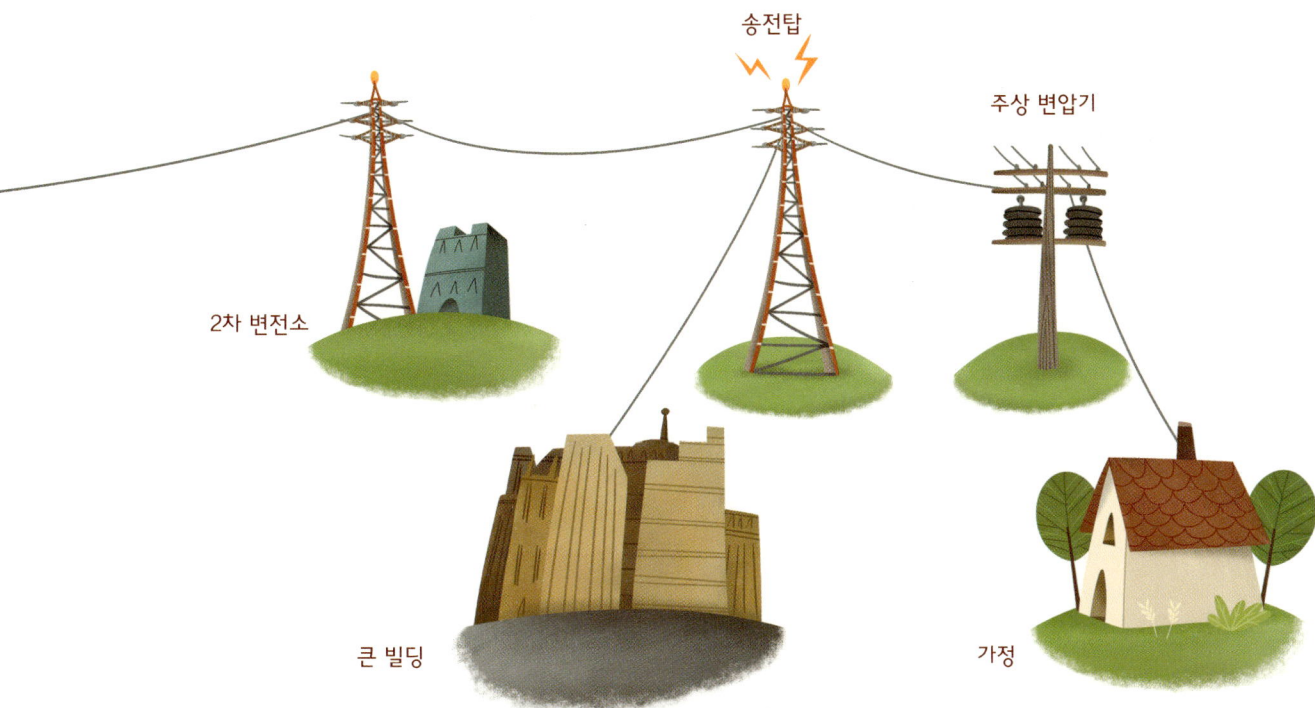

비유했어요. 댐에서 흘러나온 물은 하수 처리장을 거쳐 오염 물질을 걸러 내고, 소독하게 되지요. 강물을 바로 마실 수는 없으니까 가정에서 쓰기 알맞게 걸러 내는 거예요.

전기도 마찬가지예요. 보통 발전소에서 갓 흘러들어 온 전기는 전압이 너무 높아서 일반 가정에서는 쓸 수가 없어요. 공장이라든지, 각종 산업 시설, 전기를 이용한 철도 시설 같은 곳에서만 곧바로 이 전기를 사용하지요.

발전소에서 만들어진 전기는 손실되지 않도록 높은 전압을 유지한 채 송전선*을 타고 '1차 변전소'로 가게 돼요. 1차 변전소에서는 높은 전압을 사용하는 큰 공장이나 전기 철도 등에 직접 전기를 보내 줍니다. 그리고 남은 전기는 다시 송전선을 통해 일반 가정 근처에 있는 2차 변전소로 보내지지요. 2차 변전소에서는 변압기를 통해 전압을 낮추어 빌딩이나 공장 등으로 전기를 보내 주고, 집 근처 전봇대에 놓여 있는 주상 변압기로 전기를 보내 줘요. 그러면 주상 변압기가 우리가 쓰기 알맞은 전압의 전기를 집으로 보내 주지요.

가정에서 쓰는 전기 제품들은 병렬로 연결되어 있기 때문에 한꺼번에 많은 양의 전기를 쓸 수가 없어요. 게다가 가정으로 흘러들어 오는 전기의 양은 제한되어 있기 때문에 한꺼번에 많은 가전제품을 사용하게 되면 누전*이 되어 불이 날 위험도 갖게 되지요. 1980년대까지만 하더라도 가정에서 쓰는

송전선: 발전소에서 생산된 전기를 변전소로 보내기 위하여 설치한 전선

누전: 전류의 흐름이 불완전하거나 시설이 손상되어 전기가 전깃줄 밖으로 새어 흐름. 또는 그 전류

전기는 110V였어요. 가정에서 쓰는 전기의 양이 작았기 때문이지요. 그런데 1990년대에 이르면서 세탁기, 냉장고, 에어컨, 컴퓨터, 텔레비전 등 전기를 많이 필요로 하는 가전제품들을 사용하기 시작했어요. 가정에서 사용하는 전기의 양이 많아지게 되자 나라에서는 가정용 전압을 110V에서 220V로 바꾸었어요. 가정에서 쓸 수 있는 전기의 양을 늘린 것이지요.

"에너지를 만드는 방법은 많지. 하지만 에너지를 만들기 위해선 많은 원료가 필요하고, 이 원료를 이용하다 보면 환경을 오염시키게 된단다. 환경 보호는 어려운 게 아니야. 에너지를 아끼는 일부터 시작해도 충분하단다."

전기를 아끼는 방법

"들아, 날아, 이리 와 보렴."

아빠가 고지서 한 장을 들고 오셨어요. 전기 요금 고지서였지요.

"지난달에 비해서 이번 달엔 요금이 더 나왔구나. 우리가 전기를 많이 쓴 것 같아. 이번 달에는 전기를 아껴 보자."

"전기를 어떻게 아껴요?"

날이가 물었어요.

"설마 컴퓨터도 쓰지 말자, 텔레비전도 쓰지 말자, 냉장고도 쓰지 말자 이렇게 말씀하실 건 아니죠?"

들이는 침을 꼴깍 삼켰어요.

"허허, 아예 안 쓸 순 없겠지. 하지만 조금만 노력하면 전기 사용

량을 줄일 수 있단다."

 아빠는 우선 사람이 없을 때는 텔레비전이나 컴퓨터, 세탁기 같은 제품의 전원은 꺼 두자고 말씀하셨어요.

 "낮엔 불을 켜는 대신 자연광을 이용하는 게 좋겠지. 그리고 백열등은 전기를 많이 쓴단다. 형광등이나 LED 조명으로 바꾸면 작은 전기 에너지를 이용해 더 밝은 빛을 누릴 수 있지."

 아빠는 형광등을 바꾸는 것만으로도 전기 에너지의 10퍼센트 이

상을 줄일 수 있다고 말씀하셨어요.

"빨랫감을 모아서 한 번에 돌리면 전기를 아낄 수 있대. 이제부터 빨래는 일주일에 두 번씩 할 거니까, 날짜 맞춰서 내놓으렴."

엄마도 옆에서 웃으며 거들었어요.

"음, 그럼 저는 냉장고 문을 자주 여닫지 않을게요."

"우리 날이 똑똑하네? 맞아, 냉장고 안에 음식이 가득 차 있을 때보다 조금 적게 들어있을 때 냉기 순환이 잘 된다니까 냉장고 정리도 자주 해야겠지?"

"냉장고에 들어있는 것들을 종이에 적어서 붙여 두면 냉장고 문

을 열지 않아도 되지 않을까요?"

들이의 말에 모두 박수를 쳤어요.

"당장 그렇게 해보자!"

"음, 여보. 전기밥솥의 플러그를 오랫동안 꽂아 두지 않는 것도 전기를 아낄 수 있는 방법이래요. 밥은 한 번에 먹을 만큼만 하고, 남은 밥은 냉동실에 보관해 두었다가 전자렌지에 데워 먹는 게 좋지."

"어머, 밥을 그때그때 하라니! 그건 너무 번거로운데."

"전기밥솥의 보온 기능을 사용하려면 하루에 전력 소비량이 1000W 이상이 필요해. 한 달을 꼬박 쓰면 7천 원이 넘는 돈이라고. 물론 그때그때 밥을 해 먹는 게 번거로울 수도 있지만, 작은 노력만으로도 전기 에너지를 아낄 수 있잖아?"

아빠의 말에 엄마는 무언가를 생각하는 표정이 되었어요.

"또 다른 방법은 없을까요?"

들이가 아빠에게 물었어요.

"안 쓰는 전기 제품의 플러그 빼기, 특히 텔레비전을 보지 않을 때는 셋톱 박스*의 전원을 꺼두는 게 좋단다. 셋톱 박스는 집에서 사용하는 전기 제품 가운데 전기를 가장 많이 잡아먹는 기계거든. 세탁기 코드나 전자렌지의 코드를 빼 두기만 해도 대기 전력이 줄어들기 때문에 전기세를 줄일 수 있지."

"우아, 플러그를 뽑는 것만으로도 전기를 아낄 수

셋톱 박스: 디지털 위성 방송용 수신 장비를 말한다.

있군요!"

그밖에도 여름철에는 에어컨 사용을 줄이고, 에어컨을 쓸 때마다 선풍기를 함께 틀어 두는 것도 전기를 절약하는 방법이에요. 에어컨 1대가 쓰는 전기 에너지로 선풍기 30대를 돌릴 수 있답니다. 또 겨울철에는 내복을 입어서 전기장판이나 난방 기구 사용을 줄이는 것이 방법이에요. 겨울철에 난방 온도를 1도만 낮추어도 7%의 에너지를 아낄 수 있어요.

단지 안 쓰는 플러그를 뽑아 두고, 조금씩 노력하기만 해도 가정

마다 평균적으로 약 2만 5천 원 이상의 전기료를 아낄 수 있다고 해요. 우리나라 전체가 이렇게 전기를 아끼려고 노력한다면 한 달에 약 4,160억 원의 돈을 아낄 수 있는 셈이 되지요.

"아빠, 전 오늘을 플러그 뽑는 날로 정하겠어요!"

"아니, 갑자기 왜?"

"전기 에너지를 아끼자는 차원에서 오늘만은 집 안의 모든 가전제품을 사용하지 않고 지내면 어떨까요?"

들이의 말에 날이 입술을 삐죽였어요.

"난 싫어. 에너지를 아끼기 위해 아주 불편하게 살 순 없잖아."

"날이 말이 맞아. 생활을 위해서는 어쩔 수 없이 써야 하는 에너지가 있단다. 오히려 너무 불편해서 버틸 수가 없을 거야."

아빠는 한꺼번에 무리하는 대신 조금씩 에너지를 줄여나갈 방법

을 찾아 실천하는 게 중요하다고 말씀하셨어요. 또 전기를 쓰는 대신 조금 불편하더라도 사람의 힘으로 움직이는 물건을 쓰는 것이 좋다고 하셨지요.

"어머, 그때 그 자전거처럼 생긴 자가 동력 발전기! 그걸 써 보는 건 어떨까?"

"그, 그걸 돌리는 건 너무 힘든데……."

아빠가 울상을 짓자 모두 깔깔 웃었어요.

"오늘만 플러그 뽑는 날이 되는 것 보단, 날마다 안 쓰는 플러그를 뽑는 날로 정하는 게 좋지."

"좋아요, 날마다 안 쓰는 플러그 뽑는 날!"

들이와 날이가 신나게 외쳤어요.

아빠는 에너지가 공기나 물처럼 있을 때는 중요함을 잘 느끼지 못하지만, 없어지면 생활이 불가능해지게 되는 것이라고 말씀하셨어요.

전기를 아껴 쓰는 것은 이산화탄소 발생량을 줄이는 일과도 연결이 돼요. 이산화탄소 배출이 줄어들면 공기가 맑아지고, 오존층이 파괴되어 온난화 현상이 심해지는 일이 줄어들겠지요? 그러면 높아진 온도 때문에 북극의 얼음이 녹아내리는 일도, 이상 기후가 발생하는 일이 줄어들 테고요. 하나뿐인 지구는 우리가 함께 지켜야 하니까요!

전기 줄이기 활동

준비물 : 지난 달 전기세 고지서, 그리고 전기를 아끼려는 마음가짐!

고지서에 나온 전기세 금액을 확인했나요? 그러면 이제부터 한 달 동안 전기세를 줄이기 위한 활동을 해 보아요. 실천을 마치면 박스에 표시를 해 보세요.

- ☐ 냉장고 문 자주 여닫지 않기!
- ☐ 컴퓨터 사용을 줄이고 컴퓨터 모니터는 꼭 꺼 두기!
- ☐ 텔레비전을 안 볼 때는 텔레비전의 플러그 빼 두기
- ☐ 화장실 불 껐는지 확인하기
- ☐ 충전이 끝난 핸드폰은 얼른 빼기!
- ☐ 안 쓰는 플러그 뽑기!
- ☐ 항상 전기를 아끼겠다는 마음가짐 지키기!

자, 이렇게 한 달 내내 계속해서 전기 아끼기를 실천했나요? 별 것 아닌 것 같아 보이지만 이런 작은 실천들이 전기 에너지를 아끼는 지름길이에요. 다음 달에 날아 올 고지서의 금액을 잘 살펴보세요. 전기료가 눈에 띄게 줄어 있을 거예요.

이 책에서 배운 내용을 **십자말풀이**로 정리해 봐요!

가로 열쇠

2. 전기를 전달하는 물질을 도체라고 하고, 전기를 전달하지 못하는 물질을 이것이라고 해요.

3. 신용카드, 통장, 지하철의 승차권에는 모두 이것이 붙어 있어요. 자기력을 이용해 정보를 기록해요.

5. 물체가 대전됐는지 확인하는 기구예요. 대전된 전하의 성질을 알 수도 있어요.

7. 물건이 다 팔려 하나도 남아 있지 않은 상태를 말해요.

9. 에디슨은 이것을 발명했어요. 덕분에 어두운 밤에도 환한 낮처럼 생활할 수 있지요.

11. 전기 제품을 사용하지 않아도 플러그가 꽂혀 있으면 이것이 발생해요. 안 쓰는 제품의 플러그를 뽑으면 이것도 줄어들기 때문에 전기세를 아낄 수 있지요.

12. N극과 S극으로 이루어져 있어요. 같은 극끼리는 밀어내고, 다른 극끼리는 붙는 성질이 있지요.

세로 열쇠

1. 비둘기의 머릿속에는 이것이 있어서 먼 곳까지 날아가도 집으로 돌아올 수 있어요.

3. 자석이 갖는 특유의 성질이에요. 철 가루가 자석에 달라붙는 것도 바로 이것 때문이에요.

4. 이 사람은 번개에서 나오는 전기를 땅으로 끌어당기는 피뢰침을 만들었어요.

6. 텔레비전, 핸드폰, 컴퓨터 등 전자를 이용해 만들어진 물건들을 말해요.

8. 전기를 아껴 쓰는 것을 말해요.

10. 자석의 힘이 미치는 범위를 말해요.

12. 자석과 자석 사이에서 발생하는 힘을 말해요.

정답

		¹생			
²부	도	체			
		자			
	³자	기	테	이	⁴프
⁵검	⁶전	기			랭
	자				클
	제				린
⁷품	⁸절				
	⁹전	구			

	¹²자	석
		기
¹⁰자		
¹¹대	기	전	력
장		

가로
2. 부도체
3. 자기 테이프
5. 검전기
7. 품절
9. 전구
11. 대기 전력
12. 자석

세로
1. 생체 자기
3. 자기
4. 프랭클린
6. 전자 제품
8. 절전
10. 자기장
12. 자기력